からだと心が喜ぶ

ごちそう
家ごはん

鹿児島の料理家
3人によるレシピ
約130品

もくじ

この本は、南日本新聞の生活情報誌「てぃーたいむ」2018年1月号から2024年2月号に掲載されたレシピを一冊にまとめたものです。

ふるさとの行事食

Kagoshima food

節目の行事を祝う食には、
自然の恵みへの感謝や
無病息災の願いが
込められています。

※地域や時季によって材料、作り方は異なります

縁起の良い
ごちそうを
ぎゅっと詰めて、
日々に感謝し、
家族の健康を
祈ります。

Ⓐ 豚骨煮

■材料（4人分）

豚骨…500～600g、焼酎…(臭み消し用)大さじ2、(煮込み用)100㎖、ショウガ…15g
だし汁…昆布とかつお節で取ったもの2ℓ、ダイコン・ニンジン・レンコン・タケノコ・ゴボウ…各1/2本
こんにゃく…1/2枚、厚揚げ…1枚、サヤインゲン(塩ゆで)…適量、サラダ油…適量、米のとぎ汁…適量
糸唐辛子・白髪ネギ…適宜
Ⓐ《みそ…150g、黒砂糖…50g、みりん…大さじ3、濃い口しょうゆ…大さじ2》

■作り方

1) ダイコンは厚さ2㎝の半月切り、こんにゃくは結びに、ニンジン、レンコンは飾り切り、タケノコ、ゴボウ、厚揚げは一口大に切り、ショウガは輪切りにする。こんにゃくは沸騰した湯で、ダイコンは米のとぎ汁で軽く火を通す。Ⓐは合わせておく。

2) フライパンに油を引いて、豚骨を焼き色が付くまで焼き、臭み消し用の焼酎を回しかけながら香りを飛ばす。湯をひたひたになるまで注ぎ、沸騰したら火を止め豚骨を取り出す。

3) 鍋にだし汁を入れ、焼酎、②の豚骨、ショウガを入れ1時間ほど弱火で煮込む。ダイコン、こんにゃく、タケノコ、レンコン、ゴボウを加え40分煮る。さらにニンジン、厚揚げ、Ⓐを加え弱火で1時間煮込む。煮込み時間を短縮したいときは圧力鍋を利用してもよい。

4) ③とサヤインゲンを器に盛り、白髪ネギ、糸唐辛子などを天盛りする。

豚肉が貴重だった時代、大鍋で煮込んだ豚骨はおなかも心も満たしてくれたようです

田植え後、田の神に感謝し送り出す祝い(早苗饗)に作られた素朴な揚げ物です

Ⓑ さなぼい揚げ

■材料(約14個分)

ジャガイモ…250g、ニンジン…30g、ニラ…25g
ゴボウ…10㎝、小麦粉…40g、砂糖…大さじ1
塩…小さじ1/3、卵(M)…1個、揚げ油…適量

■作り方

1) ジャガイモは皮をむき、水にさらしてすり下ろし、水気を軽く切る。

2) ニンジン、ニラ、ゴボウはみじん切りにする。

3) ボウルに振るった小麦粉、砂糖、塩、卵を入れ泡立て器でよくまぜ、①と②を加えさらにまぜる。

4) 熱した油に③の生地をスプーンで落とし、浮いたら返しながら色よく揚げる。

鹿児島の祝い料理に欠かせない「さつますもじ」。縁起の良いマダイの昆布締めをのせて華やかさを添えます

C さつますもじ マダイの昆布締めのせ

■材料（4人分）
【すし飯】
米…2合
【合わせ酢】
酢…大さじ3、砂糖…大さじ2、塩…小さじ2/3
【すしの具】
ニンジン…1/3本、干しシイタケ・キクラゲ…各2枚
干しダイコン…10g、ゴボウ…10cm、タケノコ…50g
さつま揚げ・かまぼこ…各50g
Ⓐ《梅酢…大さじ2、砂糖…大さじ2》
Ⓑ《砂糖・みりん…各大さじ1、薄口しょうゆ…大さじ2、
シイタケの戻し汁…適量》
地酒…大さじ2、マダイ刺し身…冊か薄切り4人分
昆布…（幅広のものを20cmぐらい）2枚、レンコン…1/2本
錦糸卵・青ジソ・サンショウ…各適量

■作リ方
1）タイに薄塩をして冷蔵庫で30分置いてから水気を拭き取り、昆布で挟んでラップで包み1～3時間(冊は一晩)冷蔵庫に置く。冊は使う前に薄切りにする。
2）レンコンは皮をむいて3mm厚さの花切りにして、水と酢少々(分量外)を入れた鍋で2、3分ゆでてざるに上げ、熱いうちに合わせたⒶに漬ける。
3）硬めに炊いたご飯に合わせ酢を回しかけ、切るようにまぜる。
4）干しダイコンは水で戻して1cm幅に切り、ゴボウはささがき、ニンジンは3mm厚さの飾り切り、タケノコは1cm角の薄切り、干しシイタケとキクラゲは水に戻して石突きを落とし薄切りにする。
5）さつま揚げ、かまぼこは1cm幅の短冊切りにする。
6）鍋に④とⒷを入れ、ひたひたになるように水(分量外)を加え弱中火で煮る。煮汁が少なくなったら⑤を加え、まぜながら汁気が飛ぶまで煮る。
7）③に⑥の具材を合わせて地酒を振り、よくまぜる。
8）⑦を器に盛り①と②、錦糸卵、青ジソ、サンショウの葉を彩りよく飾る。

D キンカン入りむっかん

■材料(直径6cm紙カップ16個分)
卵むっかん生地(9ページ参照)、キンカン漬け…8個

■作り方

1) キンカン漬けを4等分して種を取り、クッキングシートに並べて100度に温めたオーブンで1時間乾燥させる。指にシロップが付かなくなれば出来上がり。天日干しや、ラップをせずに冷蔵庫で乾燥させてもよい。

2) プリンカップに紙カップをセットする。卵むっかんの生地をビニール袋に入れ、端を斜めに1cm切ってカップに注ぎ分ける。2cmの深さまで注いだら①を1つずつ入れて、残りの生地をカップ上面まで注ぐ。飾り用のキンカンをのせ、強火で20〜25分蒸す。

セミドライにした
キンカン漬けは
うま味が
凝縮されます

新鮮な青魚の
酢みそあえは、
祝い事でよく
振る舞われて
きました

E こが焼き

■材料(15×13.5cmの流し缶またはパウンド型1台分)
木綿豆腐…1/2丁(水気を絞って250g)
卵(M〜L)…5個、砂糖…50g、片栗粉…25g
みりん…大さじ1、塩…小さじ1

■作り方

1) フードプロセッサーかすりこ木で全ての材料をかきまぜ、型に流して蒸し器で強火で5分、弱火にして40分ほど蒸す。

2) 粗熱が取れたら上面を下にしてフライパンで焼き目をつける。

F キビナゴ みそなます

■材料(4〜6人分)
キビナゴ…20匹ぐらい、ダイコン…300g
ニンジン…30g、塩…少々、ユズの皮…適量
Ⓐ《酢…大さじ3、砂糖…大さじ2〜3、麦みそ…大さじ2、地酒またはみりん…大さじ1》

■作り方

1) キビナゴは腹開きし、頭、内臓、中骨を取って洗い、水気をよく拭いておく。

2) ダイコン、ニンジンは皮をむいて千切りにし、薄塩をしてしばらく置く。しんなりしたらよくもんで水で洗い、水気を絞る。

3) ボウルにⒶを入れてまぜ、①②を加えあえる。器に盛り、千切りにしたユズの皮を飾る。

貴重品だった卵と
砂糖をぜいたくに
使った、祝い事に
欠かせない一品

7

五節句の食

五節句は奈良時代に中国から伝わり、
日本人の暮らしに溶け込んだ行事となりました。
農作業の合間に英気を養い、無病息災や
豊作を願って神に感謝する祭りを行ったのが
始まりといわれています。

人日の節句(七草の節句)

1月7日の朝に七草がゆを食べて無病息災を願います。
鹿児島では子供が数え年で7歳になると「七草参り」をする
風習があり、親戚など7軒の家を回って七草がゆを分けてもらう
ことから七草がゆを「ななとこい(七所)のずし」とも呼びます。
「ずし」は鹿児島弁でまぜご飯や雑炊を指します。

一月七日

ななとこいのずし

■材料(4、5人分)

米…2合、鶏もも肉…100g、ダイコン…100g、ニンジン…50g
干しシイタケ…2枚、ゴボウ…20g、かまぼこ…1/2個
豆モヤシ…20本、薄揚げ…1/2枚、サトイモ…3個、切り餅…2個
ごま油…適量、セリ、ミツバなどの青物野菜…適宜
だし汁…シイタケの戻し汁含め500㎖、薄口しょうゆ…大さじ3
酒…大さじ2、みりん…大さじ1

■作り方

1) 干しシイタケは水で戻し、戻し汁は取っておく。鶏もも肉、
ダイコン、シイタケは1㎝角に切り、ゴボウはささがきに
して水にさらし、ニンジン、かまぼこ、油揚げは1㎝の薄切
りに、豆モヤシは2㎝長さに、サトイモと餅は4分の1の
大きさに切る。

2) フライパンを熱してごま油を入れ、鶏肉を炒める。サトイ
モ、餅以外の①の材料を加え軽く炒めたら、だし汁(シイタ
ケの戻し汁も含む)と調味料を加え、沸騰するまで火を通
す。粗熱が取れたら具と汁を分けておく。

3) 洗って水に浸した米の水気を切り炊飯器に入れ、②の汁
500㎖を入れてまぜ、②の具材とサトイモ、餅をのせて炊
く。炊き上がったら刻んだセリやミツバなどをまぜ込む。

上巳の節句（桃の節句）

<ruby>上巳<rt>じょうみ</rt></ruby>の節句（桃の節句）

地酒の香りが特徴です。

蒸し菓子や三色餅で祝います。卵むっかんは現在の薩摩川内市一帯で作られてきた重曹を使わない蒸し菓子で、しっとりした食感と

女の子の健やかな成長を願ってひな人形を飾り、

卵むっかん

■ **材料**（直径18cm丸型または15cm角ケーキ型 1 台分）
卵（L）…3 ～ 4 個（卵黄60g、卵白120g）、薄力粉…120g
上白糖…150g、地酒…大さじ 2

■ **作り方**

1）型に紙を敷く。卵は卵黄と卵白に分け、卵黄に砂糖50g
　を加え、もったりと白っぽくなるまですりまぜる。薄力
　粉はふるっておく。

2）卵白に砂糖100gを 3 回に分けて加えながら泡立て、お
　辞儀するくらいの硬さのメレンゲを作る。

3）①の卵黄に②をゴムベラでひとすくい加えてよくまぜ
　合わせ、全てのメレンゲを加えさっくり切りまぜる。

4）③に地酒を振り入れて軽くまぜ、①の薄力粉を加えて
　切るようにしっかりまぜ合わせる。型に入れて強火で
　30分蒸す。

※上白糖を純粉糖か、フードプロセッサーで細かくしたグラニュー糖にする
　ときめ細かい生地になる

三月三日

端午の節句（菖蒲の節句）

鹿児島の端午の節句といえば、木灰から取ったあく汁に浸した餅米を孟宗竹の皮に包んで煮たあくまき。よもぎやあんを練り込んだ団子をサルトリイバラの葉で包んだ「かからん団子」も欠かせません。

五月五日

あくまき

■材料（長さ16cm×3本分）

餅米…250g、市販のあく汁…300㎖
孟宗竹の皮…3枚、黒砂糖・きな粉…適宜

■作り方

1）乾燥した孟宗竹の皮は、大きな容器やビニール袋に入れ2日間水に浸して柔らかくし、たわしで丁寧にこすり洗う。端を1cm幅で2本ずつ裂いて、結びひもを作っておく。竹皮は中心を16cmとり両脇を畳んで重しをのせておく。

2）餅米は洗って水を切りあく汁に10時間浸し、ざるでこす。浸したあく汁は煮汁に使う。餅米を3等分し竹皮の真ん中に置き、上下をかぶすように重ね巻きし、左右を折り畳み竹皮ひもで2カ所結ぶ。きつく締めすぎると餅米が膨らみ裂けるので注意。出来上がってから結び直すので、ひもは長めに切っておく。

3）大きな鍋に②を入れ、たっぷりの水を加えたあく汁で軟らかくなるまで2〜3時間炊く。途中、ゆで汁が少なくなったら差し水をする。出来上がったら冷まし、皮を外して結びひもで食べやすい大きさに切り、きな粉や黒砂糖を付けて食べる。

かからん団子

■材料（10個分）

かからん葉（サルトリイバラの葉）…20枚
粒あん…200g（こしあんでも可）
餅粉…100g（団子粉、上新粉、白玉粉でも可）
きび砂糖…大さじ2、水…大さじ2程度

■作り方

1）ボウルに粒あん、餅粉、きび砂糖を入れ、水、餅粉（分量外）で調整しながら耳たぶくらいの硬さになるようにこねる。

2）①を10等分し丸めて2枚の葉で包み（大きな葉は1枚を真ん中で折り畳む）、湯気の上がった蒸し器で15分蒸す。

七夕の節句
（たなばた）
（笹竹の節句）

流行病の終息を願って中国で7月7日にそうめんの原型とされる「索餅（さくべい）」を供えたことが由来で、そうめんを食べ無病息災を祈るようになりました。夏野菜の収穫を祝う行事でもあったそうです。

七月七日

七夕そうめん

■材料（2人分）

そうめん…2束
【具材】オクラ…（ゆで）2本、ゆでエビ…4匹
ミョウガ酢漬け…2個
ゴーヤー（ゆで）・ナス（素揚げ）・シイタケの含め煮・錦糸卵…適量
【薬味】青ジソ、小ネギ、わさび…適宜
【麺つゆ】濃い口しょうゆ…250mℓ
薄口しょうゆ…200mℓ、みりん・酒…各50mℓ
干しシイタケ…3枚、かつお節…25g
きび砂糖…130g

■作り方

1) 麺つゆを作る。かつお節以外の材料を鍋に入れて中火にかけ、煮立ったら弱火にしてかつお節を入れ、再沸騰したら火を止めてふたをして蒸らし、冷ます。

2) ①をざるでこす。こした後のかつお節は絞らない。粗熱が取れたら消毒した容器に移し冷蔵保存する。

3) そうめんはたっぷりの湯を使って、再沸騰するまでは強火でゆで、ゆで上がったら素早くざるに取り流水でもみ洗いしてぬめりを取り、ざるのまま氷水に漬けて締め水気を切り器に盛る。

4) 具材をバランスよく盛り、3〜4倍に薄めた麺つゆに薬味を入れて食べる。

重陽の節句

ちょうよう

（菊の節句）

菊花を散らした酒や料理、栗ご飯で健康と長寿を願います。赤飯の赤色は邪気をはらう力があるとされ、祝い膳によく登場する代表的なハレの食です。ササゲは火を通しても形が崩れないため、縁起が良いとされています。

B

A

Ａ エビ入りジャガイモ団子の菊花椀

■材料（4人分）

ジャガイモ…100g、白玉粉…70g、水…70㎖、バナメイエビ…4匹
酒…小さじ1、片栗粉…小さじ1、食用菊花…4個、ニンジン…2㎝
だし汁…3カップ（かつお節、シイタケ、昆布など好みで）
薄口しょうゆ…大さじ2、酒…大さじ1、みりん…小さじ1

■作り方

1）ニンジンは5㎜幅の輪切りにし菊型で抜く。エビは下処理して粗く刻み、ボウルに入れ酒小さじ1と片栗粉を加えてよくこね4等分する。
2）ジャガイモは4つ切りにしてラップで包み、耐熱容器に入れ電子レンジ（600W）で3分加熱し、軟らかくなったら潰す。ボウルに白玉粉を入れ、水70㎖を少しずつ加えまぜ、粒がなくなったら粗熱を取ったジャガイモを加え耳たぶの硬さにこねる。まとまったら4等分して丸める。
3）ラップを敷き、②を直径8㎝の円に広げ、中央に①のエビ団子をのせラップごと丸める。
4）だし汁に①のニンジン、薄口しょうゆ、酒大さじ1、みりんを加え火にかけ、沸騰したら③を加え、浮いてきたら弱火にして5分煮る。

Ｂ 栗赤飯（栗おこわ）

■材料

餅米…3合、小豆…60～80g（あれば、ささげ小豆）、栗…12～18個
砂糖…大さじ2、酒…大さじ1、塩…小さじ1、黒ごま…適宜

■作り方

1）栗は鬼皮と渋皮をむきビニール袋に入れ砂糖をまぶし、冷凍庫で半日以上凍らせる。
2）餅米は洗ってざるに取り上げておく。
3）小豆を洗って鍋に入れ、ひたひたの水を加え煮立ったら3分ゆでて湯を捨て、再び鍋に小豆と水500㎖を入れ約25分、指でようやく潰れる硬さにゆでる。ゆで上がったらざるに上げ、ゆで汁は粗熱を取り水を加え400㎖にする。
4）②を鍋か深いフライパンに入れ、③のゆで汁を加え2時間浸したら酒、塩を加え強火で煮る。ゆっくり返すようにまぜ、水分を満遍なく餅米に吸わせる。
5）蒸し器に水で湿らせた蒸し布を敷き④を移し、煮た小豆と栗をのせ布を畳むように包み強火で30分蒸す。器に盛って好みで黒ごまを振る。

行事を彩る
アレンジメニュー

目に美しい一品で
祝いの席に花を添え、
健やかな一年を願います。

ひな祭り

餅米蒸しの桜あんかけ

■材料（4皿分）

餅米…1/2合、水…1/2合分
赤米や食用赤色素…好みで少々

※炊飯器の場合は、もち米1合と水1合分で炊くと作りやすい。
　残ったものはおはぎや桜餅にするか、冷凍保存がお薦め

塩漬け桜葉…4枚、だし…600㎖
薄口しょうゆ…大さじ1、酒…大さじ1
塩…小さじ1
ニンジン・タケノコ・キヌサヤ・桜花塩漬け
…適宜
水溶きくず粉（片栗粉でも可）…くず粉大さじ
2、水大さじ3
【肉あん（4個分）】
豚肉…100g、ネギ…15g
砂糖・酒…各小さじ2
薄口しょうゆ・ごま油…各小さじ1
塩・こしょう…少々

■作り方

1）餅米を洗い、水に30分以上浸してから炊く（色付け
したいときは、赤米や食用赤色素少々を加えて浸す）。
炊き上がったら米粒を軽く潰してラップで包み粗
熱を取る。

2）肉あんの材料をボウルに入れ、よくまぜて4等分す
る。

3）鍋に、水溶きくず粉以外の調味料とだし、食べやす
い大きさに切ったニンジンやタケノコを加えて十
分軟らかくなるまで弱火で煮る。水溶きくず粉を加
え、とろみがつくまで火を通す。キヌサヤは塩（分量
外）を加えた熱湯で約1分ゆで、水にさらして斜め
半分に切っておく。

4）①を4等分してラップに1つずつ置き、手を水で湿
らせて10cmに円く広げ真ん中に肉あんを置く。ラッ
プごと丸めてラップを外しクッキングシートに置
く。湯気の上がる蒸し器に並べ強火で6分蒸す。

5）蒸し上がった④を桜葉でくるみ、③の野菜と一緒に
器に盛って桜花塩漬けを飾り、③のだしあんをかけ
る。

薄焼き卵シューマイ

■材料（6個分）
卵…2個、塩…少々
水溶き片栗粉…水・片栗粉各大さじ1、肉あん…120g
三つ葉（軽くゆでる）、エビ（片栗粉、塩、酒で下処理する）

※肉あんの材料、作り方は14ページ「餅米蒸しの桜あんかけ」参照

■作り方
1）ボウルに卵と塩、水溶き片栗粉を入れてまぜ、フライパンで直径約20cmの薄焼き卵を2枚作り、8～9cmの円形に3枚ずつ型抜きする。
2）6等分した肉あんを薄焼き卵で包み、三つ葉の茎で結ぶ。
3）エビに片栗粉をまぶして②にのせ、強火で6分蒸す。好みで酢じょうゆやからしを添える。

子供の日

春巻きの皮で作る かぶとパイ

■材料（2人分）
春巻きの皮…4枚
水溶き片栗粉…片栗粉小さじ1、水小さじ2
具材…芋あん、リンゴ煮、小豆あんなどのスイーツ系のほか、ポテトサラダ、ひきわり納豆と梅肉、ミートソースやドライカレーとピザ用チーズなど好みで

■作り方
1）春巻きの皮で一般的な折り方でかぶとを作り、水溶き片栗粉で接着しながら頭の入る部分に具材を詰め、最後の三角の折りで具を覆うようにして内側に押し込み、水溶き片栗粉を付けてふたをする。
2）フライパンに多めの油を熱して①をこんがり揚げ焼きにするか、はけでごま油を塗りオーブン（200度）で約12分（オーブントースターなら途中裏返しながら約8分）色付くまで焼く。

15

ねったぼ

蒸したサツマイモと餅を一緒につき、きな粉をまぶした鹿児島の郷土菓子です。年末の餅つきや正月の残り餅で昔からよく作られてきました。

■材料（4人分）

サツマイモ…300g、餅…150g
砂糖…大さじ3〜5、塩…ひとつまみ
きな粉・うぐいす粉・白ごま・黒ごま・純ココア・
小豆あん・砂糖（黒糖でも）など好みで
【小豆粒あん】（作りやすい分量）
小豆…200g
砂糖…160g（小豆の8割ぐらいが目安）
塩…ひとつまみ

小豆粒あんの作り方

1）小豆を洗って鍋に入れ、たっぷりの水を加えて強火にかけ、沸騰したらざるにゆでこぼす。
2）鍋に小豆を戻してかぶるぐらいの水を入れて火にかけ、沸騰したら弱火にしてあくをすくい、水を足しながら軟らかくなるまで煮る。
3）指でつぶせるぐらいの硬さになったら砂糖と塩を加えかきまぜ、好みの硬さまで煮詰める。冷めると硬くなるので、少し緩めの方がしっとり仕上がる。

■作り方

1）サツマイモは皮をむいて3cm幅の輪切りにし、水に浸してあくを抜く。ざるに上げて水気を切り、10〜15分蒸す。
2）①に餅をのせ、再び蒸す。餅が軟らかくなったら、サツマイモと餅をすり鉢（またはボウル）に移し、すりこ木でつく。
3）②に砂糖、塩を加えてさらに練りまぜる（砂糖の量は好みで調整）。
4）③を食べやすい大きさに丸め、きな粉、うぐいす粉、純ココアにそれぞれ砂糖を同量まぜ合わせたものをまぶす。ごまと砂糖はまざりにくいので、砂糖は生地に入れ、ごまをまぶす。小豆あんは薄く延ばして丸めた③を包む。

※餅の量はサツマイモの半分〜3分の2が目安だが、多少多くてもよい。サツマイモの種類や餅、砂糖の量によって、出来上がりの軟らかさが変わる。丸めにくいときはバットにきな粉と砂糖を合わせたものを広げていも餅を流し入れ、さらに振りかけてラップをかぶせて、3時間ほど置く。冷めると切り分けやすく、きな粉と砂糖もなじんで一段とおいしくなる

肉・魚 | MEAT/FISH

ロールカツの
ロゼソース添え

■材料（4人分）
・豚肩ロース薄切り肉…8枚
・キャベツ、タケノコ、ニンジン、
　赤ピーマン…各40g
・ミニトマト…4個
・塩、こしょう…適量
・薄力粉、溶き卵、パン粉…適量
・揚げ油…適量

ロゼソース
・トマトケチャップ…大さじ2
・生クリーム…100㎖
・濃い口しょうゆ…大さじ1
・砂糖…大さじ1
・コチュジャン…小さじ1
・おろしニンニク…適量

■作り方
1）キャベツ、タケノコ、ニンジン、赤ピーマンは千切りにして耐熱容器に入れ、ラップをして電子レンジ（600W）で2分加熱する。粗熱が取れたら軽く絞って水気を切る。ミニトマトは4等分にくし切りにする。
2）豚肉を縦に2枚並べ、塩、こしょうを軽く振る。奥3㎝を空けて①の4分の1の量を肉にのせ、ミニトマトを芯にして巻いて、空気を抜きながら俵形に整える。残りも同様に巻く。
3）小鍋にロゼソースの材料を全て入れ、まぜながら火にかける。沸騰直前で火から下ろす。
4）②に薄力粉、溶き卵、パン粉の順に衣をつけ、150〜160度の油で10分ほど転がしながら色良く揚げる。3等分に切り分け、器に並べ③を添える。

牛肉と野菜の簡単トマト煮込み

■材料（4人分）

- 牛こま切れ肉…200g
- ベーコン…1枚
  ※1cm角にカットする
- タマネギ…1個（200gくらい）
- シメジ…1/2個
- 五色豆水煮…1缶（150g前後）
  ※豆の水煮なら何でも可
- トマト水煮缶…1/2缶（約200g）
  ※ダイスカットの物
- 赤ワイン…100㎖
- 水…300㎖
- チキンブイヨン
  …8g（固形ブイヨン1個）
- ケチャップ…大さじ1
- 砂糖…小さじ1
- ローリエ…1枚
- バター…10g
- 生クリーム…大さじ1
- ピクルス…大さじ1弱（好みで）
- 塩、こしょう…適量
- サラダ油…適量
- パセリみじん切り…適量

■作り方

1）タマネギは繊維にそってスライスし、シメジは石突きを取って半分に切ってほぐす。

2）フライパンにサラダ油を引き、温まったらタマネギを強火で炒め、しんなりとしたら中火で薄茶色になるまでしっかりと炒める（約7、8分）。

3）別のフライパンを用意し、油を引いて塩、こしょうで下味を付けた牛肉を強火で炒める。
　※②と③の作業を同時進行で行うと時短になる

4）肉に焼き色が付き火が通ったら、シメジとベーコンを入れて中火で2、3分炒める。

5）④に②のタマネギと五色豆を入れ、赤ワインを注ぎ強火にして1、2分沸騰させ、アルコール分が飛んだらトマト缶を入れ酸味を飛ばすように2、3分中火で炒める。水、チキンブイヨン、ローリエを入れ沸騰したら弱火にして、表面が軽くコトコトした状態で10分間煮込む。

6）味がなじんできたらケチャップ、砂糖を入れ、さらに弱火で10分煮込む。

7）ソースが3分の1量ぐらいまで煮詰まったら生クリームを加え、塩、こしょうで味を調える。火を止めて、仕上げにバターを入れ練りこむようによくまぜ、みじん切りにしたピクルスを加える。

8）器に盛り、パセリのみじん切りを散らす。

牛肉のステーキ
すりおろしオニオンソース

■材料(1人分)
・牛ステーキ肉…1枚(150〜200g)
・塩、こしょう…適量
・炒め油…適量

ソース(出来上がり約120g)
・タマネギすりおろし
　…80g(中玉約2/3個分)
・リンゴすりおろし…大さじ2
・ショウガすりおろし
　…小さじ1/4(チューブでも可)
・濃い口しょうゆ
　…大さじ2〜3(好みで調整)
・酒…大さじ1
・水…90㎖
・砂糖…小さじ1/2
・酢…小さじ1
・塩、こしょう…適量

■作り方
すりおろしオニオンソース
1)塩、こしょう以外のソースの材料を鍋に入れて中火にかけ、沸騰したら弱火にし、あくを取りながら5分間煮詰める。
2)塩、こしょうで味を調える。
※タマネギ・リンゴは一口大に、ショウガは薄く切り、全ての材料をミキサーにかけてから煮詰めてもよい

ステーキのおいしい焼き方
(オーストラリア産肩ロース肉厚さ約1cmの例)
1)牛肉は室温に20〜30分置き、常温に戻す。焼く直前にしっかりと塩、こしょうをする。
2)フライパンを中火にかけて、牛脂またはサラダ油大さじ1を熱する。
3)表になる面を下にして肉をフライパンに入れ、強火にする。フライパンを動かさずに強火で1分〜1分30秒焼く。
4)ひっくり返して火を少し弱めて30秒〜1分焼く。3〜5分ほど休ませてから切る。
※肉の産地や部位、温度などで焼き方が変わるので、好みの焼き加減で調整する
※肉の厚さが1.5cm以上ある場合は、アルミホイルに包んで休ませる

黒豆ロールキャベツの豆乳みそ仕立て

■**材料**(4人分)

黒豆ロールキャベツ
・キャベツ(葉)…4枚
・豚ひき肉…200g
・レンコン…50g(すりおろし)
・タマネギ…50g(みじん切り)
・黒豆…80g(汁気をよく切り、片栗粉
　大さじ1《分量外》をまぶしておく)
・卵白…1/2個　・酒…小さじ1
・薄口しょうゆ…小さじ1
・片栗粉…小さじ2

和風豆乳みそスープ
・ダイコン(5mm幅の輪切り4枚)、ニン
　ジン(5mm幅の輪切り4枚)、サトイモ
　4個、レンコン(5mm幅の輪切り4枚)、
　ホウレンソウ(ゆでて3cm幅に切って
　おく)
・三つ葉(ゆでて結んでおく)適宜
※添える根菜、野菜は好みで
・和風だし…800㎖　・酒…大さじ1
・薄口しょうゆ…大さじ2
・みそ(白、麦など好みで)…大さじ2
・無調整豆乳…200㎖

■**作り方**
1)ボウルに豚ひき肉、レンコン、タマネギ、卵白、酒、しょうゆ、
　片栗粉を加えよくまぜ、肉種を作る。
2)キャベツはさっと洗い耐熱容器に入れラップをして、電子レンジ
　(500W)で2分加熱する。粗熱が取れたら芯の部分を包丁でそぎ
　取る。そぎ取った部分はみじん切りにしてよく水気を絞り①にま
　ぜ、肉種を2つに分けておく。
3)②のキャベツの葉2枚を重ねるように縦約25cm×横約20cmに広げ、
　肉種を1つ10cm×15cmほどに広げてのせ、真ん中に黒豆半分量を
　並べる。キャベツで肉種を巻いて最後をつまようじで留める(2
　本作る)。
4)だしを取って温めた鍋に酒、しょうゆを加え③と下ごしらえした
　根菜類を入れ、あくを取りながら煮る。ロールキャベツがよく煮
　えたら、みそと豆乳を加え味を調える。豆乳を加えた後は、煮立
　てない。
5)ロールキャベツを取り出し、1本を6等分にカットする。深皿に
　ロールキャベツと根菜を盛り付け、三つ葉とホウレンソウを添え
　る。

ウー ファルシ

「ファルシ（ファルシー）」は詰め物料理のことで、トマトやピーマン、ズッキーニなどの食材に好みの具材を詰めて、味の調和と見た目の美しさを楽しみます。ゆで卵に詰め物をした「ウー ファルシ」は、手軽な食材でおもてなし料理や気軽なフィンガーフードが作れます。

■材料（12個分）
・卵…6個（常温に戻しておく）
・マヨネーズ…90g（好みで加減）
・酢…大さじ1
・塩…小さじ1
・塩、こしょう…適量

トッピング
・パターン1：スモークサーモン＆
　　　　　　　ラディッシュ＆イクラ
・パターン2：生ハム＆ミニトマト＆
　　　　　　　アーモンド
・好みのハーブ（パセリのみじん切りでも可）…適量
※写真を参考に好みの食材を盛り付ける。絞り袋はビニール袋でも代用できる

■作り方
1）ゆで卵を作る。鍋に卵が漬かるくらいの水を入れ、酢、塩（小さじ1）、卵を入れ火にかける。
2）強火で2分間、ひびが入らないように注意しながら箸でまぜ、沸騰したらコトコト沸くくらいの弱火にして11分ゆでる。
3）ゆで上がったら10分ぐらい氷水に漬け、粗熱を取る。
4）卵の殻をむき、上下を少し切り落として真ん中から半分に切る。
5）黄身を取り出し、細かく裏ごししてマヨネーズと合わせ、塩、こしょうで味を調え、滑らかなクリーム状にする。絞り袋に入れ、白身に絞り、トッピングを飾る。

ポークスペアリブのオーブン焼きマスタード添え

■材料(4本分)
・豚スペアリブ…4本(約500g)
・ジャガイモ…1個(約150g)
・塩、こしょう、オリーブ油…適量

マリネ液
・濃い口しょうゆ…45㎖
・赤ワイン(料理酒でも可)…45㎖
・みりん…25㎖
・蜂蜜…25g
・ニンニク…1片
　(縦半分にカットし芯を取る)
※全ての材料をボウルに入れてかきまぜる

ソース
・水…残ったマリネ液と同量
・水溶きコーンスターチ(コーンスターチを同量の水で溶いたもの)…大さじ1〜大さじ1と1/2で調整
・こしょう…適量

・粒マスタード、クレソン…適量

■作り方
1) 豚スペアリブにしっかりと塩、こしょうをし、10分ほど置いて味をなじませる。
2) ビニール袋にマリネ液と①の肉を入れて密封し、半日ほど漬け込む。
3) ジャガイモは皮をむいて一口大に切り、電子レンジ(600W)で約1分半加熱する。塩を振って少量のオリーブ油を絡めておく。
4) オーブンを200度に温め、天板にクッキングシートを敷いて②の肉と③のジャガイモを並べ20分ぐらい焼く(マリネ液は残しておく)。焼き上がったらオーブン内に5分ほど置き、中までしっかり火を通す。
5) 鍋にマリネ液と水を入れて沸騰させ、火を止めて丁寧にあくを取る。3分ほど強火にかけ、アルコール分を飛ばす。火を止めて水溶きコーンスターチを入れよくまぜ、再度火にかけて沸騰させとろみを付け、こしょうを振る。
6) ④を器に盛って⑤をかけ、粒マスタードとクレソンを添える。

黒豚のカツレツ　サラダ仕立て

■材料（2人分）
・黒豚ヒレ肉…6枚（1枚約30g）
・塩、こしょう…適量
・薄力粉、卵、パン粉…各適量
・揚げ油…適量
・ベビーリーフなど好みの葉野菜、紫タ
　マネギやラディッシュのスライスなど
　…適量
・パルメザンチーズ…適量

フレッシュトマトソース
（出来上がり約150g）
・トマトすりおろし（皮ごと）…100g
・トマトケチャップ…大さじ2
・酢…小さじ2
・砂糖…小さじ1
・オリーブ油…大さじ1
・塩…小さじ1/2
・こしょう…適量

■作り方
1）フレッシュトマトソースの材料を全てボウルに入れ、よくかきまぜる。
2）黒豚ヒレ肉の両面に塩、こしょうをする。
3）②に薄力粉、卵、パン粉の順で衣を付ける。
4）フライパンに深さ2cmぐらい油を入れ、180度で③を色よく揚げる。
5）④を食べやすい大きさに切って器に並べ、野菜を全体に盛り付ける。パルメザンチーズを振って①のソースをかける。

牛肉とレンコンの春巻き

■材料(10個分)

- ・春巻きの皮…10枚
- ・牛もも薄切り肉…200g
- ・レンコン…100g
- ・ニンジン…30g
- ・香菜
  …1/3束(ニラや三つ葉などでも可)
- ・春雨…20g
- A ┌ 濃い口しょうゆ…大さじ1/2
   │ 酒…大さじ1
   └ 片栗粉…大さじ1
- ・塩、こしょう…適量
- ・水溶き小麦粉(小麦粉を同量の水で溶いたもの)…適量
- ・揚げ油…適量

レモン塩(作りやすい分量)

- ・レモンの皮(農薬、防腐剤不使用のもの)…1/2個分
- ・粗塩…大さじ1
- ・レモン果汁…小さじ1/2

■作り方

1) レンコンはよく洗い、皮付きのまま乱切りにしてポリ袋に入れ、細かくなるまで麺棒でたたく。ニンジンは長さ3cmの千切り、香菜は3cm幅に切る。春雨は2分ほど熱湯に漬けて硬めに戻し、水気を切って2、3cm長さに切る。

2) 牛肉は1cm幅の細切りにしてボウルに入れAを加えて下味を付け、①と塩、こしょうを加えてよくまぜる。

3) 春巻きの皮はざらざらしている面を上に、角を手前に向けて置き、②の具を中央より手前に横長にのせ、ぴったり包んで一巻きする。空気を抜きながら両端を内側に折り、緩めに巻いて、巻き終わりに水溶き小麦粉を塗って閉じる。残りも同様に巻く。

4) 油を150～160度に熱し、巻き終わりを下にして③を入れ、途中で返しながら全体が色づいてきたら火を170～180度に強め、きつね色になるまで揚げる。

5) 油をよく切って器に盛り、好みでレモン塩を添える。

※春雨は具材の水分を吸って軟らかくなるので、戻しすぎないようにする
※春巻きの皮は外側を緩めに巻くことで空気の層ができ、パリッと揚がる。油の温度が高いと中まで火が通らずに皮が焦げてしまうので注意

レモン塩

1) レモンの皮をすりおろすかみじん切りにし、全ての材料をまぜ合わせてクッキングシートに広げる。

2) ①を電子レンジ(600W)で20～30秒加熱して水分を飛ばす。

※焦げないように様子を見ながら、サラサラの状態になれば完成

照り焼きチキンと
キノコの和風ピザ

■**材料**(直径18cmのピザ2枚分)
ピザ生地
・いこ餅粉…120g
・強力粉…30g
・塩…3g
・ぬるま湯…120mℓ
・オリーブ油…大さじ1

トッピング
・鶏もも肉…1枚(約250g)
・シイタケ…50g
・マイタケ…100g
　※キノコ類は合わせて150gになれば
　　よい
・タマネギ…1/4個
・オリーブ油…大さじ1/2
・みりん、濃い口しょうゆ…各大さじ1
・ピザ用チーズ…80g
・ネギ(小口切り)…適量
・刻みのり…適量

トマトソース
・トマトケチャップ…大さじ2
・オリーブ油…小さじ2
・おろしニンニク…小さじ1/2
※全ての材料をボウルに入れよくかきま
　ぜる

■**作り方**

1) ボウルにいこ餅粉、強力粉、塩を入れてまぜ、人肌
程度のぬるま湯とオリーブ油大さじ1を加え、水分
がなじむまでへらでまぜる。生地がぽろぽろとした
状態になったら、ぎゅっと握るようにして一つにま
とめ、2分ほどこねて丸める(表面がボコボコした
状態でもよい)。ラップで包み、20分ほど常温で寝
かす。

2) タマネギは薄切りにする。シイタケは石突きを取り
1cm幅に切る。マイタケは食べやすい大きさに裂
く。鶏肉は小さめの一口大に切る。

3) フライパンにオリーブ油大さじ2分の1を引き、鶏
肉を中火で炒める。肉の色が変わってきたら、キノ
コ類を加えさらに炒める。全体に油が回ったらみり
んと濃い口しょうゆを加え、火を少し強める。汁気
がほとんどなくなるまで煮詰め、粗熱を取る。

4) ①の生地を半分に分けてそれぞれ丸め直し、オーブ
ンシートにのせ直径18cmほどの円形に延ばす。生
地がべたつくときは少量の打ち粉(強力粉)をする。

5) ④にフォークで数カ所穴を開けてトマトソースを
塗り広げ、タマネギと③、ピザ用チーズをのせる。
210度に温めたオーブンで約15分焼き、ネギと刻み
のりを散らす。

牛肉とキノコの
バルサミコソテー

■材料（2人分）
・牛ロース肉（ステーキ用）
　…1枚（約200g）
・タマネギ…1/2個
・シメジ…1パック
・塩、こしょう…適量
・サラダ油…適量
・薄力粉…大さじ1

A ［バルサミコ酢…大さじ2
　蜂蜜…大さじ1
　濃い口しょうゆ…大さじ1］

B ［レンコンチップ（薄く切って強力粉
　を薄くまぶし、油で揚げたもの）
　…適量
　カッテージチーズ…適量
　イタリアンパセリ…適量］

・好みで干しブドウ（大さじ1）をぬるま
　湯に10分漬けて水気を切ったもの

■作り方
1）牛肉は横半分に切り1cm幅の棒状に切り分ける。タマネギは5
　mm幅のくし切りにし、シメジは石突きを取ってほぐす。
2）ボウルに🅰と好みで干しブドウを入れてよくまぜる。
3）フライパンにサラダ油を熱し、中火で①のタマネギとシメジをし
　んなりするまで炒め、皿に取り出す。
4）①の牛肉に塩、こしょうを振り、ポリ袋に入れ薄力粉を加える。
　口を閉めて薄力粉が全体に付くように振る。
5）フライパンにサラダ油を熱して④を入れ、焼き色を付けながら炒
　めて②と③を加え全体に絡める。塩、こしょうで味を調え皿に盛
　り、🅱を添える。

※牛肉に薄力粉を付けることでソースにとろみが出て全体に絡みやすくなる。ポリ袋に入
　れて振ると均一に付けられる。時間がたつと水分を吸って扱いにくくなるので焼く直前
　に付けるとよい

厚揚げ和風
エッグベネディクト

■材料（2人分）
・絹厚揚げ…2枚
・しょうが焼き用豚ロース肉…2枚
・ナス…1/2本
・タマネギ…厚さ1cmの輪切り2枚
・オクラ…3本
・トマト…厚さ1cmの輪切り2枚
・青ジソ…適量

Ａ　濃い口しょうゆ、みそ、酒、みりん
　　…各大さじ1
　　砂糖…大さじ2

・サラダ油…少々

卵黄ソース
・卵黄…1個分
・酢…小さじ1

Ｂ　オリーブ油…大さじ1
　　薄口しょうゆ…小さじ1
　　砂糖…小さじ1
　　マヨネーズ…大さじ1

ポーチドエッグ
・卵…2個
・酢…大さじ2
・塩…大さじ1

■作り方

1）卵黄ソースを作る。ボウルに卵黄と酢を入れて泡立て器でよくかきまぜ、Ｂを加えてまぜ、冷蔵庫に入れる。

2）ポーチドエッグを作る。小鍋に半分くらい水を入れ、酢と塩を加え沸騰させる。器によく冷やした卵を1個割り入れ、網じゃくしで軽く押さえながら水溶性卵白（さらっとした部分）を取り除く。箸で小鍋の湯をくるくるとまぜ真ん中に卵をそっと入れ2分ほどゆで、網じゃくしで返して卵白が固まったら冷水に取る（2個作る）。

3）オクラは塩ゆでして縦半分に切る。ナスは縦1cm幅に切る。青ジソは千切りにする。フライパンにサラダ油を入れ、豚肉とナス、タマネギを返しながら両面を焼く。豚肉に火が通り、軽く焼き色がついたらまぜ合わせたＡを加えて絡め、火を止める。

4）厚揚げは直径8cmほどのコップで型抜きし、トースターかグリルで軽く焼き目がつくまで焼く。皿に厚揚げ、トマト、ナス、タマネギ、オクラ、豚肉、②の順に重ね、①をかけて青ジソを散らす。

牛肉とナスの
マリネサラダ

■材料（2人分）
・牛薄切り肉…200g
・ナス…2本
・長ネギ…1本
・シメジ…1パック
・青ジソ（千切り）…適量
・塩、こしょう…各適量
・オリーブ油…大さじ4〜6
・レタス…適量

マリネ液
・水…180㎖
・濃い口しょうゆ…大さじ2
・酢…大さじ2
・砂糖…大さじ2
・オリーブ油…大さじ1
・和風顆粒だし…小さじ1/2
・おろしショウガ…小さじ1
※全てボウルに入れよくまぜる

■作り方
1）鍋に湯を沸かし牛肉を湯引きする。ざるに上げて水気をよく切り、全体に軽く塩、こしょうをして下味を付ける。
2）ナスはヘタを取って縦半分に切り、さらに双方を縦3等分の棒状に切る。各棒状にしたものを3〜4cmの長さに切りそろえる。長ネギは斜め切り、シメジは石突きを取りばらしておく。
3）フライパンにオリーブ油大さじ3〜4を十分に熱し、ナスに強火で焼き色をつける。軽く塩、こしょうをしてマリネ液に漬け込む。
4）③のフライパンにオリーブ油大さじ1〜2を入れ、強火でシメジを炒める。火が通ったら長ネギを加えさっと炒め、軽く塩、こしょうをしてマリネ液に漬け込む。
5）④に①の牛肉を入れ軽くまぜ合わせ、粗熱が取れたら冷蔵庫に入れて10〜20分味をなじませる。
6）⑤を皿に盛り付けて青ジソをのせ、レタスを添える。

参鶏湯風スープ

丸鶏に高麗ニンジンやナツメ、もち米などを詰めて煮込む韓国の伝統料理「参鶏湯<small>サムゲタン</small>」。家庭でも簡単にできるよう、手羽元を使い春の七草を加えた体に優しいスープにアレンジしました。胃腸の疲れや風邪予防にもお薦めの一品です。

■材料（4人分）
・鶏手羽元…8本（約400g）
・もち米…1/3合（うるち米でも可）
・春の七草…200〜250g（スズナ、スズシロ、セリなど）
・長ネギ…1本
A
```
┌ 水…1500㎖
│ 酒…50㎖
│ 塩…小さじ1/2
│ ショウガ…1片（薄切り）
└ ニンニク…1片（薄切り）
```
・クコの実、松の実…各大さじ1
・むき栗…8個
・塩、黒こしょう…適量

■作り方
1）もち米は洗い、10分ほど水に漬けざるに上げる。
2）スズナとスズシロは皮が厚ければむき、一口大に切る。ほかの葉物は塩をひとつまみ（分量外）入れた熱湯でさっとゆで、冷水に取ってあく抜きし水気を軽く絞ってざく切りにする。
3）長ネギは3分の2を厚めの斜め切りに、残りの白い部分は飾り用の白髪ネギにする。手羽元はきれいに洗い水分を拭き取り、骨に沿って切り込みを入れる。
4）鍋にAと①、③の白髪ネギ以外を入れ強火にかける。煮立ってきたら弱めの中火にし、あくを取りながら20分ほど煮る。
5）④に②の葉物以外とクコの実、松の実、むき栗を加え、さらに20分ほど煮る。軟らかくなったら②の葉物を加えて軽くまぜ、塩、黒こしょうで味を調える。
6）器に盛り、③の白髪ネギをのせる。

※塩加減は薄めにし、食材から出る味を楽しむ（別皿で塩、黒こしょうを添え、食べるときに好みの濃さに調整）。仕上げにごま油やキムチを加えると、違った味わいが楽しめる

ミニ肉まん

■具の材料（16個分）
・豚ひき肉と豚薄切り肉
　…合わせて200g
・ホウレンソウ… 100g
・ゆでタケノコ…50g
・干しシイタケ… 2枚
・タマネギまたは長ネギ…50g
・春雨…20g
・ショウガ… 5 g
A［ 酒、薄口しょうゆ、オイスターソース、ごま油、片栗粉…各10g
　砂糖… 5 g
　塩、こしょう…少々 ］

生地の材料
B［ 薄力粉…150g
　強力粉…100g
　ベーキングパウダー… 6 g
　ドライイースト… 6 g
　砂糖…50g ］
・ラードまたはサラダ油…10g
・牛乳…150㎖
・好みで練りがらし、ポン酢しょうゆ

■作り方
1）具を作る。ホウレンソウはさっと湯がき冷水に取り、水気を切って粗みじん切りに、春雨は湯で戻しざく切りにする。豚薄切り肉は 1 cmの粗切り、タケノコ、戻した干しシイタケ、タマネギはみじん切りにし、ショウガはすりおろす。クッキングシートを8cm角に切り16枚用意しておく。

2）ボウルに豚肉とAを入れてよくまぜる。豚肉以外の①の具材を加えて軽くまぜ、冷蔵庫で冷やしておく。

3）生地を作る。ボウルにBを入れよくまぜ、ラードを加える。人肌に温めた牛乳を少しずつ加え全体になじませる。べたつきがなくなったら表面が滑らかになるまでよくこねる。

4）③をラップに包み常温で15分置く。冷蔵庫から肉あんを取り出して16等分し、生地も30〜40cmの棒状に延ばし16等分に切る。生地を円柱形に整えて 1 個ずつ打ち粉をした台に置き、麺棒で中央を厚めに直径 7 〜 8 cmの円形に延ばす。生地の中央に肉あんをのせ、ひだを寄せながら包む。クッキングシートにのせ、全て包み終わるまで乾燥しないようラップをかけておく。

5）鍋に湯を沸騰させ肉まんを並べた蒸し器をのせ、蒸し布をかぶせたふたをして（蒸籠では不要）強火で10〜15分蒸す。好みで、からしやポン酢しょうゆをつけて食べる。

※余った肉まんは冷凍保存し、凍ったまま蒸し器や電子レンジで蒸し直す

ビーフストロガノフ

牛肉をサワークリームで煮込む
ロシアの代表的な郷土料理です。
サワークリームのこくと酸味がア
クセントになり、本格的な洋食を
家庭で味わえます。

■材料（4人分）
・牛細切れ肉…250g
・タマネギ…1/2個（約100g）
・シメジ…1パック
・塩、こしょう…適量
・オリーブ油…適量
・無塩バター…20g
・薄力粉…大さじ2
・チキンコンソメ…小さじ2
・水…400㎖
・ローリエ…1枚
・生クリーム…50㎖
・サワークリーム…90g
・パプリカパウダー…適量
・パセリのみじん切り…適量

■作り方
1）牛肉は2、3cm幅に切って塩、こしょうで下味を付け、薄力粉
　　大さじ2程度（分量外）をまぶす。タマネギは5mm幅のくし切
　　りにし、シメジは石突きを取り、ほぐして長さ半分に切る。
2）フライパンにオリーブ油を熱し、①のタマネギとシメジをしんな
　　りするまで炒め、皿に取り出す。
3）②のフライパンに①の牛肉を入れて表面に焼き色が付くまで炒め
　　る。
4）③に②とバター、薄力粉を加えて粉っぽさがなくなるまで炒める。
　　チキンコンソメと水、ローリエも加えてまぜながら沸騰させ、中
　　火から弱火で10分ほどとろみが付くまで煮込む。
5）④に生クリームとサワークリームを加え、よくなじませて5分ほ
　　どことこと煮込み、塩、こしょうで味を調える。
6）⑤を器に盛って仕上げにパプリカパウダーを一振りし、パセリの
　　みじん切りを散らす。

チキンクリームシチューのポットパイ

■材料（直径11cmの耐熱容器4個分）

- 鶏もも肉… 1枚
- 塩…小さじ1/4
- こしょう…少々
- タマネギ…1/2個
- ニンジン…1/2本
- ジャガイモ… 1個
- シイタケ… 4枚
- ホウレンソウ…1/2束
- オリーブ油…大さじ1
- 水… 2カップ
- 鶏がらスープのもと…小さじ2
- 牛乳（豆乳でも可）… 2カップ
- 米粉…大さじ2
- オイスターソース…小さじ1
- 冷凍パイシート（直径15cm）… 4枚
- 溶き卵…適量

■作り方

1）タマネギは薄切りにする。ニンジン、ジャガイモは皮をむき、一口大に切る。ジャガイモはさっと水にさらして水気を拭いておく。シイタケは石突きを取り、4つにイチョウ切りにする。ホウレンソウはさっとゆでて3cm幅に切る。鶏肉は一口大に切り、塩、こしょうで下味を付ける。

2）鍋にオリーブ油を熱し、鶏肉を中火で焼く。肉の表面が白っぽくなってきたら、ホウレンソウ以外の野菜を加えて炒める。タマネギがしんなりしてきたら、水と鶏がらスープのもとを加え、全体をまぜてふたをする。沸騰したら弱火にし、野菜に火が通るまで10〜12分煮込む。

3）②に牛乳と米粉を合わせたものを加える。とろみがついてきたらホウレンソウ、オイスターソースを加え、塩、こしょう（分量外）で味を調え、火を止めて冷ましておく。

4）③が冷めたら、パイシートを常温で少し軟らかくする。オーブンを200度に温める。

5）③のシチューを耐熱容器に7分目まで入れる。器の縁に溶き卵を塗りパイシートをかぶせ、端をしっかりと押さえて密着させる。パイシートの表面に溶き卵を塗り、オーブンで約20分焼く。

※パイをしっかり膨らませるには、シチューを完全に冷ましてからパイをかぶせるのがポイント。シチューが熱いと、焼く前にパイシートが溶けてしまう

ローストチキン

■材料（4人分）
・丸鶏(中抜き・小)…1羽(約1kg)
・塩…大さじ1弱
・こしょう…少々
・バター…20g(室温に戻しておく)
・白ワイン…適宜

ガーリックライス
・ご飯…茶わん2杯分
・タマネギ…1/4個分
・ニンジン…1/3本分
・ニンニク…1片
・パセリ…適量
・オリーブ油…大さじ1
・塩、こしょう…少々

付け合わせ野菜
・タマネギ…1個
・ニンジン…1本
・ジャガイモ…3個
・ブロッコリー…1/2株
・ローズマリー…3、4枝
・レモン…適宜

■作り方
1）ガーリックライスを作る。タマネギ、ニンジン、ニンニク、パセリはみじん切りにする。フライパンにニンニクとオリーブ油を入れ中火にかけ、香りがしてきたらタマネギ、ニンジンを炒める。

2）①にご飯を加えて軽く炒め、塩、こしょうで味を調え、仕上げにパセリを加え炒め合わせる。

3）鶏を洗って水分を拭き取り、白ワインを手に付け全体に塗る。表面と腹の中に塩、こしょうをすり込む。

4）腹の中に②を詰め、首の皮を背側に伸ばしてつまようじで留める。手羽先は返すようにして背側に掛けて折り込み、腹を上にして足首をたこ糸で縛る。

5）付け合わせのタマネギは大きめのくし切り、ニンジンとジャガイモは皮付きのまま乱切りにする。

6）オーブン皿に⑤のタマネギを敷き、④をのせて表面にバターを塗り、230度に温めたオーブンで15分焼く。

7）⑥をいったん取り出し、ニンジンとジャガイモ、ローズマリーを鶏の周りに置き、野菜にオリーブ油少々(分量外)を振り、210度で40〜45分焼く。途中2、3回取り出し、焼き汁を鶏の表面にかけると皮がつやよくパリパリに仕上がる。

8）大皿に⑦を盛り、ゆでたブロッコリーとレモンを添える。

豚骨入りおでん

■**基本の材料**(直径28cmの土鍋分)
・豚骨(スペアリブ)…600g
・ダイコン…1/2本
・ジャガイモ(メークインが煮崩れしにくい)…4個
・ゆで卵…4個
・こんにゃく…1枚
・大豆もやし…1袋
・厚揚げ、さつま揚げ、餅入りきんちゃく、結びしらたき…各4個
・ちくわ…2本
・ゴボウ、ニンジン…各1/4本
・練りがらし…好みで
・だし汁(かつお節とだし昆布)
　…1600～1800㎖
・薄口しょうゆ…大さじ6～8
・みりん…大さじ4～6

だしの取り方
　鍋に水2ℓとだし昆布(10cm)2枚を入れて30分ほど置き、火にかける。沸騰し始めたら昆布を取り出し、かつお節(30g)を加えてひと煮し、火を止めてこす。
※量は具材がしっかり漬かる程度が目安。多めに取っておくと、汁の量が減ったときに継ぎ足せるので便利

■**作り方**
下準備
・フライパンを中火で熱し、油を引かずに豚骨を並べ表面が白くなるまで焼きつける。ざるに取り上げ、熱湯を回しかけて余分な脂を落とす。
・厚揚げ、さつま揚げ、餅入りきんちゃくは熱湯で1、2分ゆでて油抜きする。
・こんにゃくは塩もみをして、水で洗って熱湯で5分ゆで、三角形に切る。
・ゴボウとニンジンはちくわと同じ長さで1cm角の拍子切りにして、ちくわに詰める。
・ダイコンは3cm幅の輪切りにし、厚めに皮をむき面取りをして十字の切り込みを入れる。
・ジャガイモは皮をむき、水にさらす。
・大豆もやしは根を切り、さっとゆでてざるにとって冷まし、数本ずつ束にして結ぶ。

1）鍋に練り物、大豆もやし以外の具材、だし汁、調味料を入れ火にかける。煮立ってきたら弱火にし、落としぶたをして40分ほど煮込む。
2）①に練り物を加え、落としぶたをして約20分煮込む(途中で大豆もやしも入れる)。
3）豚骨の肉の部分に竹串を刺し、すっと通るぐらいに軟らかくなったら火を止める。

パテ風ミートローフ 干しイチジク入り

■材料(8×18×6cmのパウンド型1台分)
・豚ひき肉…250g
・鶏もも肉…150g
・タマネギ…100g
・ニンニク…1片
・塩…5g
・ナツメグ、こしょう…適宜
・クルミなどの素焼きナッツ…50g
・干しブドウやかんきつピールなどのドライフルーツ…30g
・干しイチジク…4、5個(干し柿やプルーンでも可)
・パン粉…30g
A ┌ 牛乳…大さじ2
  │ 溶き卵…1個分
  └ 赤ワイン(または酒)…大さじ1
・ローリエ…2枚
・パセリ(葉)…5g

■作り方

1) パウンド型の内側にクッキングシートを敷き、外側はアルミホイルで包む。鶏肉は約1cm角に刻み、ナッツとドライフルーツは粗くみじん切りに、タマネギとニンニク、パセリはみじん切りにする。オーブンを180度に予熱し、湯せん焼き用の湯を沸かす(蒸し器を使ってもよい)。

2) フライパンにサラダ油(分量外)を入れ、タマネギとニンニクをしんなりするまで炒め冷ます。ボウルにAを入れパン粉を浸す。

3) 別のボウルに豚ひき肉、鶏肉、塩、ナツメグ、こしょうを入れ粘りが出るまでまぜる(肉の温度が上がり脂が溶けないよう素早くまぜる)。②のタマネギとニンニク、パン粉、パセリを加えよくまぜ、ナッツとドライフルーツを加えさらにまぜる。

4) 型に③の肉だねを空気が入らないように詰めていく。半量詰めたら、干しイチジクを並べ、残りの肉だねを重ねて平らに整える。表面にローリエを置きアルミホイルでふたをする。天板に湯を張り180度のオーブンで50〜60分湯せん焼きにする(蒸し器の場合は40〜50分中火で蒸す)。竹串を刺して赤い肉汁が出てこなければ出来上がり。

5) ふたのアルミホイルの上に水入りのペットボトルなどで重しをして冷ます。完全に冷えたら型から外して冷蔵庫へ入れる。食べるときに1.5cmぐらいの厚さに切る。

鶏肉とエビ団子の梅ショウガ鍋

■材料（4人分）
- 鶏骨付きぶつ切り肉…500g
- 長ネギ…1本
- ハクサイ…1/4個
- セリ…1束
- エノキダケ…1束
- シイタケ…1パック
- 焼き豆腐…1丁
- 水…1200㎖
- ショウガ…1片（薄切り）
- 梅干し（大）…3〜5個
- 酒…大さじ3
- みりん…大さじ2
- 薄口しょうゆ…大さじ3

エビ団子
- エビ（大）…10匹
- はんぺん…1枚
- 長ネギ…10cm

Ⓐ
- 片栗粉…小さじ2
- 酒…小さじ2
- 塩…1つまみ

■作り方
1）エビは殻と尾と背わたを取り除きボウルに入れ、片栗粉、塩各少々（分量外）を加えてもみ込み、流水で洗って汚れを落とす。はんぺんは一口大にちぎる。長ネギはみじん切りにする。

2）フードプロセッサーに①とⒶを入れて滑らかになるまでかきまぜる（ポリ袋に①とⒶを入れ、麺棒でたたくか、コップの底などを押し当ててつぶしてもよい）。

3）フライパンを熱し鶏肉を皮目から中火で焼く。こんがり焼き色が付いたら反対側も色よく焼く（くっつきそうなときは薄く油をひく）。

4）土鍋に③と水、ショウガ、軽くつぶした梅干し（種ごと）、酒を入れ火にかける。煮立ってきたら弱火にし、ふたをして15分煮る。

5）長ネギは3cm幅の斜め切りに、ハクサイとセリはざく切りにする。エノキダケとシイタケは石突きを落とし半分に切る。焼き豆腐は食べやすい大きさに切る。

6）④のあくを取り、みりん、薄口しょうゆを加え、再び煮立ってきたら②をスプーンで丸く成形しながら加える。エビ団子の表面が白っぽくなってきたら、⑤のセリ以外の材料を加え煮る。全体に火が通ったら、セリをのせさっと火を通す。塩気が足りないときは梅干しを足して調整する。

※梅干しは昔ながらの塩分が多めのものがお薦め。種も一緒に加えることでうま味がスープに染み出て、味が濃くなる
※鍋の締めに、にゅうめんや焼きおにぎりのだし茶漬けもお薦め。香ばしく焼いたおにぎりはカリカリもっちりとして、雑炊とは違った味わいが楽しめ、のりやとろろ、わさびなどの薬味とよく合う

牛肉のごちそうサラダ

■材料(2人分)
・牛ステーキ肉(厚切り)…1枚(150g)
・エリンギ…1パック
・好みの葉野菜…約100g
　※レタスやトレビスなど
・ニンニク…1片
・オリーブ油…大さじ1
・デュカ…適量 (作り方は下記参照)

A ┌ レモン汁…大さじ1
　│ オリーブ油…大さじ1と1/2
　└ 塩…2つまみ

■作り方
1) 牛肉は焼く30分前に冷蔵庫から取り出し、常温に戻してから両面に満遍なくデュカをまぶす。
2) 葉野菜は一口大にちぎる。エリンギは半分の長さに切り、縦に薄切りにする。ニンニクは3mm程度の厚さに切る。
3) 大きめのボウルにAを合わせる。
4) フライパンにオリーブ油とニンニクを入れ中火にかけ、ニンニクがカリッとなるまで揚げ焼きにし、キッチンペーパーに取り出す。
5) ④のフライパンを強めの中火にかけ、十分温まったら①とエリンギを焼く。肉が好みの加減に焼けたらアルミホイルで包み、5分ほど寝かせ斜めそぎ切りにする。
6) ③のボウルに葉野菜とエリンギを入れてざっくりとまぜ合わせ、器に肉と一緒に盛り付ける。④のニンニクを散らし、好みでデュカを振りかける。

デュカ
中東発祥の調味料で、炒め物、ステーキ、サラダのトッピングなどに幅広く使えます。

■材料(作りやすい分量)
・ミックスナッツ(無塩)…50g
・コリアンダーパウダー…小さじ1/2
・好みで粗びき黒こしょう少々とシナモンパウダー適量
・クミンパウダー…小さじ1/2
・粗塩…小さじ2

■作り方
1) フライパンにミックスナッツを入れて弱めの中火にかけ、へらでまぜながら空いりする。
2) ①の粗熱が取れたら包丁で細かく刻み、その他の材料を合わせる。

※酸化しやすいので、密封容器に保存する。常温で2週間ほど保存できる

花シューマイ

■**材料**（4人分）
・豚ひき肉…250g
・タマネギ…1/2個
・シイタケ…2枚
・ニラ…3本
・片栗粉…大さじ2
・濃い口しょうゆ…大さじ1
・きび砂糖…小さじ2
・鶏がらスープのもと…小さじ1
・ごま油…小さじ1
・ワンタンの皮…1袋
・グリーンピース…8個
・クコの実…8個
・キャベツ…適量
・酢じょうゆ…適量
・練りがらし…適量

錦糸卵
・卵…2個
・きび砂糖…小さじ1/2
・塩…ひとつまみ

■**作り方**
　下準備
　鍋に湯を沸かし、蒸し器をセットしておく。

1）錦糸卵を作る。ワンタンの皮は細い千切りにする。
2）タマネギ、シイタケはみじん切りにし、ニラは1cm幅に切り、片栗粉をまぶす（野菜に片栗粉をまぶしておくと、肉種が水っぽくならない）。
3）ボウルにひき肉、調味料を入れ粘りが出るまでまぜ、②を加えさらによくまぜる。
4）③を16等分にして丸め、ワンタンの皮と錦糸卵を半々ずつまぶす。
5）④の真ん中にクコの実とグリーンピースをのせる。
6）蒸し器の底にキャベツを敷き⑤を並べ、強火で10分ほど蒸す。好みで酢じょうゆや練りがらしをつけて食べる。

桜鯛と緑黄色野菜の
オイル蒸し
ネギレモンソース

■材料 (2人分)
・桜鯛 (マダイ) 切り身… 4切れ (1切れ
　約40g)
・キャベツ…150g
・スナップエンドウ、アスパラガス、
　ブロッコリーなど好みの緑黄色野菜
　…適量
・白ワインまたは料理酒…50㎖
・ごま油…大さじ1
・塩、こしょう…適量
・レモンスライス、青ジソのせん切り
　…適量

ネギレモンソース
・長ネギ (白い部分) みじん切り…40g
・水…大さじ3
・酢…大さじ1
・レモン汁…大さじ1
・ごま油…大さじ1と1/2
・薄口しょうゆ…大さじ1
・砂糖…大さじ1/2
・塩…小さじ1/4
・こしょう…適量

■作り方
1) タイは両面に塩をして10分ほど置く。スナップエンドウは筋を取って、
　　キャベツとアスパラガス、ブロッコリーは食べやすい大きさに切る (ス
　　ナップエンドウは蒸してから切る)。
2) フライパンにキャベツの半量を敷いて①のタイと野菜をのせて残りの
　　キャベツで覆い、しっかり塩、こしょうを振る。
3) ②に白ワインとごま油をかけ、強火で1、2分加熱して沸騰してきた
　　らふたをして弱火で10〜15分蒸し煮にする。
4) ネギレモンソースの全ての材料を合わせて、よくかきまぜておく。
5) ③を皿に盛って青ジソとレモンスライスをトッピングし、④をかける。

魚介とアボカドの
カクテルサラダ

■材料(2人分)
・下処理済みのむきエビ…4匹(約60g)
・ホタテの貝柱…4個(約50g)
・アボカド…1/2個(約50g)
・塩、こしょう…各適量
・イクラ…適量
・セルフィーユ(チャービル)の葉など好みの
　ハーブ…適量
※魚介はタコやイカ、マグロなどでもよい

カクテルソース
・マヨネーズ…大さじ2
・トマトケチャップ…大さじ1
・レモン汁…小さじ1/4
・ウスターソース…小さじ1/4
・タバスコ…適量

■作り方
1) カクテルソースの材料を全てボウルに入れ、よくまぜ合わせる。
2) エビとホタテの貝柱は1cm角に切り、ゆでて中まで火を通す(生食用は表面を霜降りにするくらいでよい)。ざるに上げ粗熱を取り、塩、こしょうを振り下味を付ける。
3) アボカドは皮をむき、1cm角に切って塩、こしょうを振る。
4) ボウルに②と③を入れ合わせ、①を加えてアボカドが崩れないようさっとあえる。
5) ④を器に盛り、イクラと好みのハーブを添える。
※ソースとあえる前にそれぞれの具材にしっかりと味を付けることで、仕上がりが水っぽくなるのを防げる

洋食屋さんの
カニクリームコロッケ

■材料（1個50gで12個分）
・かにかまぼこ
　…160g（1cm幅にカットしてほぐす）
・タマネギ
　…1/2個（約120g細みじん切り）
・マッシュルーム
　…1パック（80g細みじん切り）
・白ワイン…大さじ2
・バター…50g
・薄力粉…40g
・牛乳…300㎖
・塩、こしょう…適量
・衣（薄力粉、溶き卵、パン粉）、揚げ油
　…適量

簡単トマトソース
■材料（出来上がり約200㎖）
・完熟トマト…1個（約140g：湯むきし
　て種を取り口大にカット）
・トマトケチャップ…大さじ2
・トマトピューレ…大さじ2
・白ワインビネガーまたは酢…小さじ1
・オリーブ油…大さじ5
・塩…小さじ1/4
・こしょう…適量
■作り方
　全ての材料をミキサーにかける。味が
　ぼやけやすいので、塩をしっかりする。

■作り方
1）鍋にサラダ油少量（分量外）を入れてタマネギを炒める。透き通っ
　てしんなりとなってきたらマッシュルームを入れ、甘みが出るま
　でしっかりと炒める。
2）①にかにかまぼこと白ワインを入れ、水分を飛ばすように炒める。
3）別鍋にバターを入れて中火にかけ、バターが半分ぐらい溶けたら
　ふるった薄力粉を一気に加え滑らかになるまでまぜる。
4）③に人肌程度に温めた牛乳を少しずつ木べらでまぜながら注ぎ入
　れ、とろみが付いて全体がぼってりするまでよくまぜる。
5）②と④を合わせ塩、こしょうで味を調え、バットに流し入れてしっ
　かり冷やす。できれば、冷蔵庫で1時間〜半日冷やす（温かい状
　態で揚げると破裂しやすくなるので注意）。
6）⑤を12等分し、手に少量の油（分量外）を塗って好みの形に成形
　して衣付けをする。
7）180度に熱した油できつね色になるまで揚げる。トマトソースと
　一緒に器に盛る。

カツオのレアカツ

■材料（2人分）
・カツオ刺し身用冊…200g
・薄力粉…大さじ1
・卵…1個
・パン粉…1/2カップ
・酒、塩、こしょう…適量
・サラダ油…約200㎖
　（フライパンの2cm深さぐらい）

フレッシュトマトソース
・トマト（大）…1個
・ニンニク…1片
・タマネギ…1/2個
・パセリ…適量
・オリーブ油…大さじ1
・白ワインまたは料理酒…大さじ1
・粒コンソメ…小さじ1
・砂糖、塩、こしょう…適量
・レタスなど好みの野菜

■作り方
1）カツオは2つに切り分け、酒、塩、こしょうを振っておく。
2）①の水気を拭き取って薄力粉をはたき、溶き卵を付けてパン粉を
　　まぶす。揚げるまで冷蔵庫で冷やしておく。
3）フレッシュトマトソースを作る。トマトは皮を湯むきし1cmの
　　角切りに、ニンニク、タマネギ、パセリはみじん切りにする。
4）フライパンにオリーブ油を熱し、ニンニク、タマネギの順にしん
　　なりするまで炒め、トマト、白ワイン、粒コンソメ、砂糖、塩、
　　こしょう、パセリを加えてさっと炒めながらあえて器に取り上げ
　　る。
5）フライパンにサラダ油を入れ180度に熱し、②を入れてこんがり
　　色付くまで30秒ぐらいずつ裏返しながら揚げ焼きにする。
6）⑤の油をよく切り、包丁で食べやすい大きさに切って皿に盛る。
　　④を添え、好みの野菜を盛り付ける。

魚介と夏野菜の
レモン風味煮込み

■材料（2人分/26cmフライパン使用）
・白身魚切り身…2切れ
・エビ…8匹
・殻付きアサリ（砂抜きしたもの）
　…250g
・ズッキーニ…8枚（5mm幅輪切り）
・黄ピーマン…1/6個
　（食べやすい棒状に切る）
・ミニトマト…10個（半分に切る）
・ブラックオリーブ水煮…8個
・ニンニク…1片（皮をむいて半分に切
　り、包丁でつぶす）
・タイム…1枝
・白ワイン…100ml
・水…100ml
・オリーブ油…大さじ1
・塩、こしょう…適量
〈仕上げ用〉
・レモンスライス…2枚（5mm幅）
・パセリ…適量（みじん切り）
・エキストラバージンオリーブ油
　…大さじ1

■作り方
1）エビは殻をむき背わたを取る。アサリはよく洗っておく。
2）魚とエビに塩、こしょうを振る。
3）フライパンにニンニクとオリーブ油を入れ火にかけ、ニンニクが
　色付いて香りが出てきたら、アサリ、ミニトマト、タイムを入れ
　強火にし、1分ほど炒める。
4）③に白ワインを入れ、沸騰させてアルコール分を飛ばし、水を加
　えてさらに沸騰させる。
5）④に魚、ズッキーニ、黄ピーマン、オリーブを入れ、沸騰したら
　弱火にしてふたをし、約7分煮込む。
6）⑤にエビを入れ、ふたをして3分煮込む。
7）魚介に火が通ったら塩、こしょうで味を調え、仕上げにレモンを
　軽く搾って、ソースを絡めてパセリを振り、エキストラバージン
　オリーブ油を回しかける。

海鮮トマトクリーム煮

■材料(2人分)
- 生サケや白身魚などの切り身…100g
- エビ…2〜4匹(殻付きのまま煮込むときは、背わたを取って頭をきれいに洗う)
- 魚介(ベビーホタテ、赤イカ、アサリなど)…適宜
- タマネギ、ニンジン…各1/2個
- シメジ…1/2パック
- ニンニク…1片
- オリーブ油…大さじ2

A
- 白ワインか酒…50mℓ
- トマト水煮缶かトマトピューレ…200g
- 水…100mℓ
- 砂糖…大さじ1〜2
- 固形スープのもと…1〜1と1/2個

- 牛乳…150mℓ
- 塩、こしょう、パセリ、生クリーム…適宜

マッシュポテト(出来上がり約500g)
- ジャガイモ(男爵がお薦め)…3個
- 牛乳(生クリームでも可)…100mℓ
- 無塩バター…30g
- 塩…小さじ1/2

■作り方
1) ニンニクはたたいてつぶし、タマネギとパセリはみじん切り、ニンジンは5mm幅の輪切りにし、シメジは小房に分ける。魚はうろこと骨を取って一口大に切り、エビは殻と背わたを取る。イカは足と軟骨を抜いて胴を一口大の輪切りにし、足は内臓を除いて食べやすい大きさに切る。アサリ以外の魚介は軽く塩、こしょうをする。
2) 鍋にオリーブ油とニンニクを入れて火にかけ、香りが出たら魚とベビーホタテ、エビ、イカを加え、魚の両面に軽く焼き目が付いたら取り出す。アサリと白ワイン少々(分量外、酒でも可)を加えふたをして蒸し煮にし、貝が開いたら取り出す。
3) ②の鍋でシメジ、タマネギ、ニンジンをしんなりと炒め、Aを加え中弱火で10分煮込む。
4) ③に牛乳を入れて魚介を戻し入れ、全体に火を通す。皿に盛りマッシュポテトと生クリームを添え、パセリを散らす。

マッシュポテト
　ジャガイモは皮をむいて一口大に切り、ひたひたの水で軟らかくなるまでゆでて湯を捨てる。ジャガイモをつぶしながら牛乳を加えてまぜ、火を止めてバターと塩を加えよくまぜる。裏ごし器やブレンダーを使うと滑らかに仕上がる。

イワシの
タルティーヌ

タルティーヌはフランス式オープンサンドのことです。脳の働きを高めるといわれるDHAやEPAを多く含むイワシと、アボカドやチーズなどを合わせました。

■材料(4人分)
・パン…4枚
　（食パンやバゲットなど好みで）
・アボカド…1個
・オイルサーディン…1缶
・ゆで卵…2個
・マヨネーズ…70g
・カレー粉…少々
・とろけるチーズ…120g
・パセリのみじん切り…少々

■作り方
1）オイルサーディンは油を切り、1cm幅に切る。
2）アボカド、ゆで卵を1cm角に切る。
3）ボウルに①と②を入れ、カレー粉とマヨネーズを入れて合わせる。
4）パンに③をたっぷりのせ、チーズをのせてオーブントースターで軽く焼き色が付くまで焼く。
5）仕上げにパセリのみじん切りを振る。
※オイルサーディンの代わりに、ツナ缶やゆでエビを使ってもおいしくできる

アサリとキノコの だし蒸し

■材料（2、3人分）
・アサリ（砂抜き）…300g
・シイタケ（中）…4枚
・ミツバ…1束
・ニンニク…1/2片
・赤唐辛子の輪切り…適量
・ごま油…小さじ1
Ⓐ｜ かつおだし…100mℓ
　　酒…大さじ2

■作り方
1）シイタケは石突きを取り、半分に切る（大きければ
　　4つに切る）。
2）ミツバは3cm幅に、ニンニクは薄切りにする。
3）フライパンにごま油、ニンニク、赤唐辛子を入れ弱
　　火にかける。香りが立ってきたら、アサリ、シイタ
　　ケ、Ⓐを入れてふたをし中火で4分ほど煮る。ふた
　　を開けて軽く揺すり、アサリがすべて開いたらミツ
　　バを加え軽くまぜ合わせる。
※材料はシメジやエノキダケ、ミズナ、長ネギなどもお薦め。
　味が薄いときは塩で味を調える

■かつおだしの取り方

沸騰直前の湯1ℓにひとつ
かみの削り節を入れ、箸でほ
ぐしながら均一に火を通す。

再び煮立ったら火を止め、
ボウルの上でキッチンペー
パーを敷いたざるに静かに注
いでこす。

料理の味わい引き立つ 手作り調味料

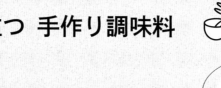
具だくさんの
ソースはアジフライ
などにピッタリ。
サクサクの衣とふんわりとした
身のおいしさを引き立てます。

タルタルソース

■材料(作りやすい分量)
・ゆで卵…2個
・ラッキョウの甘酢漬け…6個
・キュウリ…1/2本
・塩…少々

A ┌ マヨネーズ…大さじ6
  │ ラッキョウの漬け汁…小さじ2
  │ (レモン汁でも可)
  │ ウスターソース…小さじ1/4
  └ 塩、こしょう…少々

■作り方
1) ゆで卵、ラッキョウの甘酢漬け、キュウリは全てみじん切りにする(刻み加減は好みで)。
2) キュウリに塩少々をまぶし水気を絞る。
3) ①②をボウルに入れてAを加え、全体を合わせる。

粒マスタード

ピリッとした辛みとプチプチの
食感が癖になります。
ドレッシングや肉料理の
ソースにも!

■材料(作りやすい分量)
・イエローマスタードシード
 (マイルドな辛み)…30g
・ブラウンマスタードシード
 (辛みが強く渋みがある)…10g
・リンゴ酢…70~80ml
・蜂蜜…小さじ1
・塩…小さじ1/2

■作り方
1) 煮沸消毒した瓶に全ての材料を入れてよくまぜ、ふたをして常温で3日間発酵させる。酢が少なくなったら、ひたひたにつぎ足してまぜる。
2) 発酵させたマスタードシードの粒を好みの食感につぶす。

※冷蔵で3カ月保存可

バルサミコドレッシング

■材料(出来上がり約100ml)
・トマトすりおろし(皮ごと)…大さじ4
・バルサミコ酢、オリーブ油…各大さじ2
・砂糖または蜂蜜…小さじ1
・塩、濃い口しょうゆ…各小さじ1/2
・こしょう…適量

サラダのほか、
カルパッチョや
揚げ物のソースに。
分離するので使用する都度
よくまぜましょう。

■作り方
1) 全ての材料をボウルに入れ、よくかきまぜる。

※冷蔵で1週間ほど保存可

野菜 | VEGETABLES

ウインナーソーセージとたっぷり野菜のクラフティサレ

■材料(直径9cm×高さ5cmのココット4台分)
・ウインナーソーセージ…4本(斜め5mm幅にカット)※ベーコンでも可
・シイタケ…60g(縦半分にカットにし、さらに2、3mm幅にカット)※シメジなどほかのキノコでも可
・ホウレンソウ…1/2束(下ゆでして5mm幅にカットし水気をよく絞る)
・タマネギ…1/4個分(繊維に沿ってスライス)
・ミニトマト…2個(へたを取って半分にカットし、さらに十字にカット)
・オリーブ油…適量
・塩、こしょう…適量
・パルメザンチーズ…ココット1台につき小さじ1程度

アパレイユ
(ココットに流し入れる液体生地)
・卵…1個
・卵黄…1個分
・牛乳…125mℓ
・生クリーム…125mℓ
・コーンスターチ…小さじ1
・塩、こしょう…適量

■作り方
1)アパレイユを作る。ボウルに卵と卵黄を入れてよく溶きほぐし、コーンスターチを加えて泡立て器でよくまぜる。
2)①に牛乳と生クリームを加えてゴムべらでまぜ合わせ、塩、こしょうでしっかりと下味を付ける。
3)フライパンにオリーブ油を入れて熱し、タマネギとシイタケを炒め、タマネギがしんなりしたらウインナーソーセージを入れてさっと炒める。
4)③にホウレンソウを入れさっと炒め、塩、こしょうでしっかりと下味を付けてバットに取り出し、粗熱を取る。
5)ココット容器に④とミニトマトを入れて②を流し入れ、フォークで軽くまぜて全体をなじませる。
6)パルメザンチーズを振り、180度のオーブンで表面に軽く焼き色が付くまで17〜20分焼く。

ジャガイモのガレット スモークサーモンの サラダ仕立て

■**材料**(18〜20cmのフライパンで1枚分)

ジャガイモのガレット
・ジャガイモ(形崩れしにくいメークインがお薦め)…300g
・片栗粉…大さじ1
・粉チーズ…大さじ1
・オリーブ油…適量
・塩…小さじ1/3

スモークサーモンのサラダ
・スモークサーモン…4枚
・ベビーリーフ…適量
・イクラ、ラディッシュ…好みで

サワークリームソース
・サワークリーム…50g
・マヨネーズ…50g
・牛乳…大さじ1
・塩、こしょう…適量
※全ての材料をボウルに入れよくかきまぜる

■**作り方**

1) ジャガイモは皮をむき、細めの千切りにする。ボウルに入れて塩をし、まぜながら軽くもむ。5分ほど置いて余計な水分を出す(出た水分は絞って捨てる)。

2) ①に片栗粉と粉チーズを加えてさっとまぜる。

3) フライパンにオリーブ油を引いて火にかけ、②を円盤状にならして両面に焼き色が付くまでしっかりと焼く(最初は中火で、途中から弱火にして約10分)。火を止めて10分ほど置き、生地を落ち着かせる。

4) ③が冷めたら8等分にカットして皿に盛り、スモークサーモンのサラダを彩りよくトッピングしてサワークリームソースをかける。

2種のラッキョウ漬けとピクルス

■材料

ラッキョウの甘酢漬け
・ラッキョウ…1kg
A
　酢…600ml
　ざらめ…450g
　塩…60g
・赤唐辛子…2本

ラッキョウのみそ漬け
・ラッキョウ…200g(正味)
B
　麦みそ…100g
　きび砂糖…50g
・地酒…大さじ1(みりんでも可)

漬け液を使ったピクルス
・キュウリ、ニンジン、セロリなど
　好みの野菜…適量
C
　ラッキョウ漬け液…野菜が漬か
　る程度の量
　粒こしょう、ローリエ…適宜

■作り方

ラッキョウの甘酢漬け

1) ラッキョウはきれいに洗って薄皮をむき、根と茎を切り落としてもう一
　　度洗って水気をよく拭く。
2) 鍋にAを入れ弱火にかけ、ざらめが溶けたら火を止めてしっかり冷ます。
3) 清潔な保存瓶に①と種を除いた赤唐辛子を入れて②を注ぎふたをする。
　　冷暗所に置き、時々瓶を揺すって漬け液を全体になじませる。

※2週間後ぐらいから食べられるが、1カ月ぐらい置くと甘酢がなじんでまろやかな味になる。常
　温で約1年、冷蔵庫なら2、3年保存できる

ラッキョウのみそ漬け

1) 甘酢漬けの作り方①と同様に下ごしらえしておく。
2) ボウルにBを合わせ、①のラッキョウを加えてよくまぜる。
3) 清潔な保存瓶に②を移す。

※1週間ほどでおいしく食べられる。冷蔵庫で約3カ月間保存できる。ラッキョウの風味が移った
　みそ床に豆板醤を加えて、焼いた肉や生野菜に付けて食べるとおいしい

漬け液を使ったピクルス

1) 野菜は同じ長さの短冊切りにする。
2) 鍋にCを入れ火にかけ、沸騰したら火を止めて粗熱を取る。
3) 清潔な保存瓶に①を入れて②を注ぎ、完全に冷めたら冷蔵庫に入れる。

※半日ほどでおいしく食べられる。味が薄いときは②で酢、砂糖などを足して調整する

カボチャとサケのキッシュ

■材料(底取れ式の15cmケーキ丸型１台分)

- 市販の冷凍パイシート(18×9cm2枚)
- 溶き卵…適量
- カボチャ…150g
- 生サケ切り身(皮なし)…100g
- タマネギ…50g
- シイタケ、エリンギ、マイタケなどのキノコ類…計100g
- 塩、こしょう…各適量
- オリーブ油…適量(サラダ油でも可)

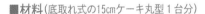

Ⓐ
- 卵…2個
- 生クリーム(牛乳でも可)…80mℓ
- 牛乳…50mℓ
- ピザ用チーズ…50g
- 塩…小さじ1/3
- こしょう…少々

■作り方

1) パイシートを常温に戻し、2枚を1cm重なるように並べ、重なる部分に溶き卵を塗りフォークで穴を開ける。つないだ生地を厚さが均等な直径25cmほどの円になるように麺棒で延ばす。

2) 型に底から側面を立てるように生地を敷き、中央部分にフォークで数カ所穴を開ける。型の縁からはみ出した生地をキッチンばさみで切り取り、型ごと冷蔵庫で30分以上寝かす。

3) サクッと仕上げたいときは、クッキングシートを円形に切り、端に切り込みを入れて生地にのせ、重石や乾燥豆で重しをして、180度に予熱したオーブンで30分焼く。シートと重しを外し、溶き卵を塗りさらに5分焼き、卵を乾燥させる。

4) カボチャは種とワタを除き皮付きのまま5mm厚さに切る。耐熱皿に並べ、ラップをして電子レンジ(600W)で2分加熱する。サケは2cm幅に、タマネギはみじん切りに、キノコ類は食べやすい大きさに切る。Ⓐをボウルに入れてまぜておく。

5) フライパンにオリーブ油を引きタマネギ、キノコ類を入れ、塩、こしょうをして炒める。しんなりしてきたらサケを加え、火が通るまでさらに炒める。カボチャを加えてさっとまぜ、粗熱を取る。型に沿ってなるべく真ん中を空けながらカボチャを並べ入れ、バランス良く他の材料を重ね、Ⓐを流し入れる。

6) 180度に予熱したオーブンで⑤を40〜50分焼く。竹串を刺し液が付かなければ焼き上がり。粗熱が取れたら型から出し、器に盛る。

※パイ生地なしで作るときは、耐熱容器や型にオーブンシートを敷き込んで直に材料を流し入れて焼く

春キャベツ、ダイコン、キュウリでキムチ3種

■材料(作りやすい分量)
・キャベツ…600g
・粗塩…大さじ2

唐辛子ペースト
・かつおだし…100mℓ
・もち米粉…大さじ1
・ニンジン…30g
・ニラ(小ネギでも可)…20g
・リンゴ…1/4個
・だし昆布…5g
・タラコ…80g(辛子めんたいこ、しらす干し、イカの塩辛でも可)

A
細びき唐辛子…大さじ2
粗びき唐辛子…大さじ1/2〜1

B
ショウガの搾り汁…小さじ1
おろしニンニク…1片分
ナンプラー…大さじ1
蜂蜜…大さじ1
塩こうじ…大さじ1

※ダイコン、キュウリの場合も分量は同じ

■作り方

1) キャベツは葉をざく切りにし、芯は薄くそぎ切りにして洗う。水気を切り大きめのビニール袋に入れ、塩を振って袋の上から全体をもむようにしてなじませる。袋の空気を抜いて口を縛り、バットなどで重しをして30分ほどおく。キャベツがしんなりしてきたらざるに上げ、余分な塩を洗い流して水気を切る。

2) 唐辛子ペーストを作る。小鍋にかつおだしともち米粉を入れる。へらでまぜながら強めの中火にかけ、とろみがついてきたら弱火にし、さらにまぜながら1分ほど火を通す。熱いうちにAを加えてまぜ、粗熱が取れるまで冷ます。

3) ニンジンは細千切り、ニラは3cm幅に切る。リンゴは皮付きのまますりおろす。だし昆布は、キッチンばさみで細く切る。タラコは薄皮を取り除きほぐす。

4) 大きめのボウルに②とBを入れ、へらでよくまぜる。③を加え、均一になるようまぜる。

5) ④に①のキャベツを加える。使い捨てのビニール手袋を着けて全体になじむようにもみこむ。2時間ほど置くと味が染み込む。3日ほど置くとさらに味がなじみ、まろやかなうま味が増して優しい味わいになる。ごま油や白ごまを足してもおいしい。

※唐辛子は韓国産唐辛子を粉砕したものを使用。日本の一味唐辛子と違い、マイルドな辛さで甘みがある。粒子が粗いほど辛みが増し、細かいものは色がきれいに出る

※ダイコン、キュウリも②以降の作り方は同じ。ダイコンは1cmの角切り、キュウリは3cm幅の輪切りにして浅く切り込みを入れる

※冷蔵庫で約1週間保存できる。余ったら炒め物に使うのもお勧め

和風シーザーサラダ

■ 材料（直径18〜20cmの器1杯分）
・好みの葉物野菜…適量（一口大にちぎる）、シイタケ…3枚、シメジ…1/3〜1/2パック、青ジソ…3、4枚（千切り）、ベーコン…2枚、炒め用油…適量、塩、こしょう…適量

トッピング
・パルメザンチーズ…小さじ2
・温泉卵…1個

たらこマヨネーズのメルバトースト
・フランスパン…適量
・タラコ、マヨネーズ…各大さじ1

和風シーザードレッシング
（出来上がり約100g）
・マヨネーズ…大さじ4、オリーブ油…大さじ1、すりおろしニンニク…小さじ1/4、アンチョビフィレ…小さじ1/4（ペーストでも可）、レモン果汁…小さじ1、牛乳…大さじ1〜2、パルメザンチーズ…大さじ2、濃い口しょうゆ…小さじ1〜2、塩、こしょう…適量

■ 作り方
1）シイタケは5mm幅に切り、シメジは石突きを落としてばらし、油を熱したフライパンで軽く炒めて焼き色を付け、塩、こしょうで味を調える。ベーコンは1cm幅に切り、軽く炒める。
2）フランスパンを1cm幅に切り、さらに半円形になるよう半分に切る。
3）タラコとマヨネーズをボウルで合わせ②に塗り、焼き色が付くまでオーブントースターで焼く。
4）ドレッシングの材料を全て合わせておく。
5）皿に葉物（青ジソ含む）をのせ、①と③をバランスよく盛る。真ん中に温泉卵を割り入れ、全体にパルメザンチーズと④を振る。

鶏肉と夏野菜の塩こうじ焼き

■材料(2人分)
・鶏もも肉…1枚
・塩こうじ…大さじ2
・酒…大さじ1
・片栗粉…小さじ2
・シシトウ…6本
・アスパラガス…2本
・ズッキーニ…1/2本
・ミニトマト…6個
・菜種油…適量

■作り方
1）シシトウは茎を切り落とし、トマトはへたを取る。アスパラガスは5cm幅に切り、ズッキーニは1cm幅の輪切りにする。
2）鶏肉は一口大に切り、塩こうじと酒をもみ込んで15分ほど置き、片栗粉をまぶす。
3）フライパンに油を中火で熱し、②の皮目を下にして焼き、こんがりと焼き色が付いたら裏返して焼く(焼き時間7、8分)。途中、鶏肉をフライパンの端に寄せ、空いたスペースで野菜を焼く。全体が色よく焼けたら器に盛る。
※塩こうじは焦げやすく油跳ねしやすいので、少量の片栗粉をまぶし中火でゆっくり火を通すのがポイント

夏野菜のティアン

■材料（2、3人分）
・タマネギ…1/2個（薄切り）
・ニンニク…1片（みじん切り）
・トマト（小）…2個（ざく切り）
・カラーピーマン…1/2個（薄切り）
・粉チーズ…大さじ2
・オリーブ油…適量
・塩、ローズマリーなどのハーブ…適量

A ［麦みそ…小さじ2
　　塩、こしょう、砂糖…適量

B ［トマト（中）…6個
　　ナス、黄・緑ズッキーニ…各1本
　　カボチャ…1/8個

■作り方
1）フライパンにサラダ油（分量外）を熱しタマネギ、ニンニクを炒め、しんなりしてきたら、トマト、カラーピーマンを加えてよく炒め、Aを加えて味を調える。出来上がったら耐熱容器に流し入れ、オーブンを200度に予熱する。
2）Bを3〜5mm幅の薄切りにして①の容器に縁から彩りよく並べる。表面にオリーブ油をはけで塗り、塩とローズマリー、粉チーズを散らして200度のオーブンで30分焼く。

羊飼いのサラダ風
（タコ入り）

※羊飼いが牧場で作っていたといわれる
　トルコの定番料理

■材料（2人分）
・ゆでタコ（脚）…2本
・キュウリ（小）…1本
・トマト（中）またはミニトマト…200g
・ピーマン…1個
・カラーピーマン…1/2個
・セロリ…20cm
・タマネギ…1/4個（50g）
・パセリ…大さじ1

A
　オリーブ油…大さじ2
　レモン酢（またはリンゴ酢）…大さじ1
　塩、砂糖…適量
　好みでしょう、粒マスタードなど

■作り方
1）大きめのボウルにAを入れ、泡立て器など
　　でよくすりまぜる。
2）タコは1cm幅の輪切りに、ピーマン、カラー
　　ピーマン、キュウリ、トマト、セロリは2
　　cmぐらいの乱切りに、タマネギ、パセリ
　　はみじん切りにする。
3）①に②を加えよくあえ、しばらく置いて味
　　をなじませ、器に盛り付ける。

ガスパチョ　※スペインの冷製スープ

■材料（2、3人分）
・キュウリ（小）…1/2本
・トマト（大）またはミニトマト…約200g
・カラーピーマン（赤・黄）…各1/2個
・セロリ…10cm
・タマネギ…1/4個
・オリーブ油…大さじ2
・白ワインビネガー（またはリンゴ酢）…大さじ1
・塩…小さじ1/2

■作り方
1）トマトとキュウリは飾り用に少し切って残しておく。
2）ミキサーに全ての材料を入れかきまぜ、冷やして器に注ぎ
　　①を飾る。
※冷やす前に裏ごしすると滑らかな食感に仕上がる

ジャガイモのパンケーキ

■材料(直径約10cm×6枚)
・マッシュポテト…100g
　※作り方は45ページに掲載
・卵…1個
・小麦粉…100g
・ベーキングパウダー…小さじ1強
・砂糖…大さじ3
・水…大さじ2〜3
・サラダ油…適宜

■作り方
1) ボウルにマッシュポテト、ふるった粉類、砂糖、卵、水を入れて泡立て器でよくまぜ、切れずにゆっくり落ちる硬さの生地を作る。

2) サラダ油を熱し拭き取ったフライパンに生地を10cm大に円く延ばしてふたをし、上面が乾いたら裏返して焼く。

3) サラダやポーチドエッグを添えて食べる。

Ａ野菜カレーナスボート

■材料（2人分）
・ナス（大）…１本　・鶏もも肉…100g
・タマネギ…1/4個　・ニンニク…１片
・赤・緑ピーマン…各1/2個
・ミニトマト…５個　・オリーブ油…適量

Ａ
┌ カレー粉…小さじ１
│ トマトケチャップ…大さじ１
│ 砂糖 …小さじ１
│ 顆粒コンソメ…小さじ１
└ 塩、こしょう…適量

・ピザ用チーズ、パン粉、パセリみじん切り…適量

■作り方
１）ナスは半分のボート形に切り、底の部分の皮をピーラーで２cmむく。
２）フライパンにオリーブ油を熱し、①を両面蒸し焼きにして軟らかくなったら取り出し、耐熱皿かアルミホイルにのせておく。
３）ニンニクはみじん切りに、鶏肉とタマネギ、ピーマンは２cm角に切る。フライパンにオリーブ油を熱してニンニクを入れ、香りが立ったら鶏肉を炒め、火が通ったらタマネギとピーマンを加える。野菜がしんなりしたらＡを加えふたをして弱火で約５分煮込む。半分に切ったミニトマトを加えさっと火を通す。
４）②のナスをスプーンで軽くへこませて③をのせ、ピザ用チーズにパン粉をかけトースターで５分、焼き色が付くまで焼く。好みでパセリのみじん切りを散らす。

B ナスポタージュ

■材料（2、3人分）
・ナス…200g
・タマネギ(小)…1/4個
・水…200㎖
・顆粒コンソメ…小さじ1
・牛乳…200㎖
・オリーブ油、生クリーム…適量
・塩、こしょう、ピンクペッパー…適量

■作り方
1）ナスは皮をむいてラップで包み、電子レンジ（600W）で3分加熱する。グリルで焼いてから皮をむいてもよい。タマネギは薄切りにする。
2）鍋にオリーブ油を熱しタマネギを炒め、しんなりしたら①のナス、水、顆粒コンソメを加え5分煮て火を止める。粗熱が取れたらボウルに移しブレンダーやミキサーでまぜて滑らかにし鍋に戻す。牛乳と生クリームを加え火にかけて塩、こしょうで味を調え、沸騰直前で火を止める。器に注ぎ、ピンクペッパーを入れる。

C ナスのラッシー

■材料（2、3人分）
・ナスのコンポート…100g
　（作り方は右記参照）
・ヨーグルト…100g
・牛乳…100㎖
・ミントの葉

■作り方
1）ミント以外のよく冷やした材料をブレンダーやミキサーでかきまぜ、グラスにつぎ分けてミントの葉を飾る。

ナスのコンポート

■材料(作りやすい分量)
・ナス…1、2本(200g)
・砂糖…70g
・レモン果汁…大さじ2
・水…150㎖

■作り方
1）ナスは皮をむき、縦に4〜6等分（長いものは横半分）に切る。
2）ナス、ナス皮、砂糖、レモン汁、水を鍋に入れクッキングシートでふたをし火にかける。沸騰しないように中弱火で10分煮て火を止め、煮汁ごと冷蔵庫で一晩冷やす。

栗きんとん入り
グラタン

■材料（2、3人分）
・鶏もも肉…150g
・キノコ類（シイタケ、エリンギ、シメジ
　など）…100g
・タマネギ…1/2個
・ブロッコリー…適量
・栗きんとん…100g
・バター（またはオリーブ油）…大さじ1
・酒、塩、こしょう…適量
・コンソメ顆粒…小さじ2
・小麦粉…大さじ2
・牛乳…200㎖
・ピザ用チーズ…30g
・粉チーズ…焼き目用に好みで

※栗きんとんの甘さによって味が変わるの
　で、好みで分量を加減する

■作り方
1）鶏もも肉は一口大に切り、酒、塩、こしょうで下味をつけてしば
　　らく置く。タマネギは千切り、キノコ類、ブロッコリーは一口大
　　に切っておく。栗きんとんの栗は、焼く時にのせるため取り除い
　　ておく。
2）フライパンにバターを入れて熱し、鶏もも肉を炒めて火が通った
　　らタマネギ、キノコを炒める。
3）②にコンソメ顆粒を入れて味を調え、小麦粉を振り入れてきんと
　　んと牛乳を加える。
4）木べらで③をのばしながらソースにとろみが付いたら火を止める。
5）耐熱容器に④を入れ、栗とブロッコリーをのせてピザ用チーズと
　　粉チーズをかける。オーブントースターかオーブンレンジで、機
　　器のグラタン焼き上げ時間に合わせて焼く。オーブントースター
　　は焦げやすいので注意する。焼き色が付いたら出来上がり。

シュンギクのケークサレ

ケークサレはフランスの家庭料理の一つで、塩気のある総菜ケーキです。冬が旬のシュンギクがたっぷり入ったケークサレは、切り口の見た目も華やかで、朝食やおやつ、おもてなしにお薦め。いろいろな野菜でアレンジもできます。

■材料（8×18×6cmのパウンド型1台分）
・薄力粉…130g
・ベーキングパウダー…5g
・シュンギク…1/2束（ゆでて50〜60g）
・タマネギ…1/4個（50g）
・ベーコン…50g
・ニンジン…50g
・卵…2個
・オリーブ油…50ml
・牛乳…50ml
・ヨーグルト（無糖）…50g
・粉チーズ…40g
・塩…小さじ1/2
・こしょう…適量
※具材は全部で約200gになれば、ほかの野菜などでも代用可

■作り方
1）薄力粉とベーキングパウダーは合わせてよくふるっておく。型にクッキングシートを敷き、オーブンを180度に予熱する。ベーコンとタマネギはみじん切りにし、オリーブ油（分量外）を熱したフライパンで炒め、タマネギの色が透き通ったら皿に取り出し粗熱を取る。シュンギクはさっとゆで、水気をよく切って粗みじん切りに、ニンジンは千切りにする。
2）ボウルに卵を割り入れ、オリーブ油、牛乳、ヨーグルト、粉チーズ、塩、こしょうを加え泡立て器でよくまぜ合わせる。
3）②に①の粉類を加えゴムべらで切るようにまぜ、さらに①の具材を加え軽くまぜ合わせたら型に流し入れ、180度のオーブンで40〜50分焼く。
※軽くまぜることでふわっとした食感に仕上がるので、まぜすぎないようにする

カリフラワーの
ポタージュスープ

■材料（4人分、出来上がり約1ℓ）
・カリフラワー…1個（約300g）
・ジャガイモ…1/2個（約80g）
・タマネギ…1/2個（約70g）
・水…700㎖
・チキンコンソメ（顆粒）…小さじ1
・牛乳…100㎖
・生クリーム…50㎖
・カレー粉…小さじ1/2弱（好みで調整）
・塩、こしょう…適量
・オリーブ油…大さじ1

浮き実
・カニほぐし身…1本（約15g）
　※かにかまぼこで代用可
・アボカド…1/6個（約30g）
・スプラウト…適量（5㎜幅にカットし
ておく）
・アーモンドスライス…適量（ロースト
したもの）
・エクストラバージンオリーブ油…適量
・塩…適量

■作り方
1）カリフラワーはばらして、粗めに刻む。ジャガイモ
は皮をむいて5㎜幅の半月切りにし、タマネギは繊
維に沿って半分にカットし、繊維に逆らって薄くス
ライスする。
2）鍋にオリーブ油を入れて強火で熱し、タマネギを炒
めてしんなりしてきたらカレー粉を加え5分ほど中
火〜弱火で炒める。
3）②にカリフラワー、ジャガイモを入れ、水を加えて
沸騰したらチキンコンソメを加え野菜に火が通るま
で弱火で煮込む（約20分）。
4）③に火が入ったらハンドブレンダーまたはミキサー
で滑らかにする。

5）④を再び火にかけ、牛乳、生クリームを加えてひと
煮立ちさせ、塩、こしょうで味を調える。
6）カニは細かくほぐしておく。アボカドは5㎜角に切
る。
7）⑥をボウルに入れて合わせ、塩で味を調えてエクス
トラバージンオリーブ油（小さじ1ぐらい）と合わ
せる。
8）器に⑤を注ぎ⑦とスプラウト、アーモンドを飾り、
エクストラバージンオリーブ油（小さじ1/2程度）
を回しかける。

芋餅天ぷら

■基本の材料（8個分）
・サツマイモ（中）…1本（200g）
・餅粉…130g
・水…100〜130㎖
・きび砂糖…大さじ4
・塩…小さじ1/2
・揚げ油…適量

チーズとごま味（16個分）
・基本の材料と同じもの
・カマンベールチーズ…50g
・白ごま…適量

ハム、パセリ、黒こしょう入り（12個分）
・サツマイモ、餅粉、水…基本の材料と
　同分量
・きび砂糖…小さじ1
・塩…小さじ2/3
・ハム…3枚
・パセリ、黒こしょう…適量
・揚げ油…適量

※サツマイモの種類により水、きび砂糖
　の分量を加減する

■基本の作り方
1）サツマイモは皮をむき、2㎝幅の輪切りにしてゆでる。軟らかく
　なったら湯を切ってボウルに入れ、熱いうちにつぶす。
2）①に餅粉、きび砂糖、塩を加え、水を少しずつ加えこねながら、
　耳たぶくらいの軟らかさにする。
3）生地を8等分にして小判型に丸め、低温の油（約160度）で揚げる。
　生地がぷっくりふくらんで浮き上がり、表面が薄く色付いてきた
　ら出来上がり（目安は6〜8分）。
※生地に砂糖が入っていると焦げやすいので、油の温度に注意

チーズとごまで洋風に
1）基本の作り方①②と同様に生地を作る。
2）生地とチーズを16等分して生地でチーズを包んで丸め、白ごまを
　全体にまぶし、基本の作り方と同様に揚げる。

ハム、パセリ、黒こしょうでおつまみに
1）基本の作り方①②と同様に生地を作る。
2）ハム、パセリを細かく刻み、黒こしょうと一緒に①に加えてなじ
　ませ、一つにまとめる。15cm×10cm×2cmの長方形に延ばして12
　等分に切り、基本の作り方と同様に揚げる。

トウガン丸ごとグラタン

トウガン(冬瓜)は、夏に収穫して冬まで日持ちすることから名付けられた保存性の高い野菜です。切ると日持ちしないので、使い切るか、皮をむいて生のまま冷凍保存しましょう。淡白な味わいで、さまざまなアレンジが楽しめます。

■材料(2、3人分)
- トウガン(小)…1/2個(縦半分)
- 鶏もも肉…100g
- タマネギ…1/4個
- エリンギやシメジなどのキノコ…1/2パック
- ナス…1/4本
- ミニトマト、カラーピーマン…適量
- 牛乳…300㎖
- 塩、こしょう…適量
- 麦みそ…大さじ1
- 薄力粉…大さじ3
- ピザ用チーズ、パン粉…適量

■作り方
1) トウガンは種、わたを取り除き、ラップで丸ごと包み電子レンジ(500W)で3分加熱する。粗熱が取れたら皮から厚さ1cmを残してスプーンで果肉をくり抜く(くり抜いた果肉は取っておく)。タマネギは薄皮をむき薄切りに、キノコは石突きを取り食べやすい大きさに切る。

2) フライパンに油(分量外)を入れ一口大に切った鶏肉を炒め、色が変わったら、①のトウガンの果肉、タマネギ、キノコや他の野菜を加え塩、こしょうをして、麦みそを入れふたをして3分ほど蒸し焼きにする。火を止めて薄力粉を振るい入れ、よくなじんだら牛乳を加え中火でとろみがつくまで火を通す。汁気が足りないときは牛乳を少しずつ足す。

3) ①のトウガンを耐熱皿にのせて②を流し入れ、ピザ用チーズ、パン粉を振り、200度に予熱したオーブンかオーブントースターで程よい焦げ目が付くまで焼く。

トイモガラチャンプルー

トイモガラ（ハスイモ、ズイキ）は鹿児島を代表する伝統野菜の一つ。食感が独特で、生でも、加熱しても味わえます。みそやしょうゆ、酢などどんな調味料ともよくなじみます。

■材料（2、3人分）
- ・トイモガラ（30cmぐらい）…1本
- ・酢…大さじ2
- ・タマネギ、カラーピーマン、ピーマン、ナス…各1/2個
- ・木綿豆腐…1/2丁
- ・卵…2個
- ・豚薄切り肉…100g
- ・鶏がらスープのもと（粒）…大さじ1
- ・酒…大さじ1
- ・ごま油、塩、こしょう、薄口しょうゆ…適量

■作り方

トイモガラの下ごしらえ

皮をむき、鍋に入る長さに切る。変色を防ぐため酢水に漬けながら作業する。手がかゆくなるときはゴム手袋を着け、むきにくいときはピーラーを使う。

1）鍋に水1ℓ（分量外）と酢大さじ2を入れて沸騰させ、下ごしらえ済みのトイモガラを入れて10分ゆで、水にさらしてよく洗い、水気を絞る。

2）ナスは乱切りにしてラップに包み、電子レンジ（500W）で2分加熱する。その他の野菜と豚肉も一口大に切る。豆腐は一口大にちぎり水気を切る。卵は溶いて塩、こしょうをしておく。

3）フライパンにごま油を熱し、②の卵を軽くまぜながら入れて火を通し取り出す。同じフライパンで再びごま油を熱し豚肉を色が変わるまで炒め、ナス以外の野菜とトイモガラ、酒、鶏がらスープのもとを加えて軽く炒め、ふたをして弱火で1～2分蒸し焼きにする。野菜がしんなりしたらふたを外し、ナス、豆腐、卵を加え、塩、こしょう、薄口しょうゆで味を調える。

ハンダマ、トイモガラのカラフルプレートとかいのこ汁

ハンダマは水前寺菜ともいわれ、古くから「血の薬、不老長寿の葉」として民間療法にも使われました。ビタミンや鉄分、ポリフェノールを多く含みます。

ハンダマの下ごしらえ

茎に硬い筋があるので、葉と先端の茎のみ使う。沸騰したたっぷりの湯に塩（適量）を入れて30秒ゆでて冷水に取り、水気を軽く絞ってから使う
※トイモガラの下ごしらえの仕方は67ページに掲載

Ⓐ ハンダマ白あえ

■材料（2人分）
・ハンダマ…1/2束
・豆腐（絹ごしまたは木綿）…1/2丁
・いりごま（またはすりごま）…大さじ2
・砂糖、薄口しょうゆ…各大さじ1

■作り方
1）下ごしらえ済みのハンダマをざく切りにする。
2）豆腐は水気を切り、すり鉢などでつぶす。ごまをすり鉢ですり、豆腐と①、砂糖、薄口しょうゆとあえる。

Ⓑ トイモガラの含め煮

■材料
・トイモガラ…1本
・好みで塩ゆでエビなど…適宜
・煮汁（水200ml、薄口しょうゆ、だし汁、みりん、砂糖…各大さじ1）

■作り方
1）下ごしらえしたトイモガラを4、5cmに切り、煮立てた汁で5分煮る（中火）。好みで塩ゆでエビなども一緒に煮る。

C ハンダマのり巻き
■材料(米2合分)
・ハンダマ…1/2束　・米…2合　・塩…小さじ1/2
・焼きのり(全型)…1枚　・水…400㎖　・梅干し…適量

■作り方
1）下ごしらえ済みのハンダマを粗みじん切りし、沸騰した湯400㎖で5分煮て火を止め冷ます。
2）炊飯器に洗った米と①を煮汁ごと入れて足りない水分量を足し、30分漬けてから塩を入れて炊く。
3）巻きすかクッキングシートにのりを置き、上部を2cmほど空けて②を250〜350g満遍なく広げ、手前2cmの所に梅干しを小さくちぎり並べて巻き、湿らせた包丁で8分の1に切る。

- -

D カラフルロールカツ
■材料(2本分)
・ハンダマ…1/2束
・ロース薄切り肉…4枚
・カラーピーマン(千切り)…2個
・小麦粉、溶き卵、パン粉、塩、こしょう、サラダ油…適量

■作り方
1）カラーピーマンはラップに包み電子レンジ(500W)で2分加熱して粗熱を取る。ラップに豚肉2枚を1cm重なるように10cm幅に広げ塩、こしょうと小麦粉を軽く振る。下ごしらえしたハンダマとカラーピーマンのそれぞれ半量を肉の手前に置いて巻く。
2）①に小麦粉、溶き卵、パン粉の順に衣をつけ、熱したフライパンに多めの油を入れて色よく揚げ焼きにし、食べやすい大きさに切る。

- -

E ハンダマ天ぷら
■材料
・ハンダマの葉、天ぷら液、塩…適量

■作り方
1）下ごしらえしたハンダマの片面に天ぷら液を塗り、170度の油でからりと揚げる。好みで塩を振る。

F スパニッシュオムレツ
■材料(20cmフライパン1枚分)
・溶き卵…4個分
・ハンダマ…1/2束
・トマト…1個分(またはミニトマト1パック)
・タマネギ…1/4個分
・ピーマン、カラーピーマン…各1個
・片栗粉…小さじ2
・ピザ用チーズ…大さじ2
・塩、こしょう、オリーブ油…適量

■作り方
1）下ごしらえ済みのハンダマはざく切りに、トマト、タマネギ、ピーマン類は粗みじん切りにしてボウルに入れ片栗粉をまぶしておく。
2）①に溶き卵とチーズを入れて塩、こしょうで味を調え全体をよく合わせ、オリーブ油を熱したフライパンでふたをし3分ほど焼く。片面がこんがり焼けたら、ふたをしっかりしてフライパンをひっくり返し、滑らせるようにフライパンに戻し裏面も同様に焼く。

- -

G かいのこ汁
■材料(4人分)
・大豆(水煮でも可)…50g　・だし昆布…10cm角
・トイモガラ…1本　・干しシイタケ…2枚
・カボチャ、ナス、ゴボウ、麦みそ…適量
・サトイモ、こんにゃく、油揚げ…適量

■作り方
1）大豆はたっぷりの水に浸し、皮のしわがなくなるまで半日置く。干しシイタケと昆布は水で戻す(戻し汁はとっておく)。
2）ゴボウは薄切りに、下処理したトイモガラ、戻しただし昆布と干しシイタケ、カボチャ、ナス、サトイモ、こんにゃく、油揚げはそれぞれ2cm角に切る。
3）鍋に①の大豆と②、シイタケと昆布の戻し汁を入れ、ひたひたの水で軟らかくなるまで煮る。大豆が軟らかく煮えたらみそを溶き入れる。

旬を長く、おいしく味わう保存食

ゴーヤーと梅の氷砂糖漬け

■材料
・ゴーヤー…2本
・氷砂糖…1/2カップ
・酢…1/4カップ
・梅干し…3個

夏バテ予防の
栄養源！
苦甘くてパリパリ
とした食感が
おいしい。

■作り方
1）ゴーヤーは縦半分に切り、中わたを取って薄切りにする。
2）①と氷砂糖、酢、梅干しをビニール袋に入れ、梅干しをつぶしながら全体をよくもみ込み、空気を抜いて冷蔵庫へ入れる。
3）時々上下を返しながら、氷砂糖が完全に溶けたら食べ頃。

※一晩ほどで漬かる。苦みが気になるときは、軽く湯通しすると和らぐ

寒干し大根の漬物

■材料
・寒干し大根…1kg
・しょうゆ…500ml（薄口でも濃い口でも好みで）
・砂糖…350g
・地酒・酢…各100ml

ご飯のお供や
お茶請けに
大活躍！

■作り方
1）ダイコンはさっと熱湯をかけ水分を拭き取り、薄切りにする。
2）煮沸消毒した保存容器に①と調味料を入れふたをする。時々容器を揺すり、液を満遍なくいきわたらせる。2～3週間後が食べ頃。

キンカン漬け

風邪予防に
効果的！
果実はお菓子作りの
材料に、シロップは
お湯で薄めて飲むのも
おすすめです。

■材料
・キンカン…500g
・きび砂糖…400g
・酢…1カップ

■作り方
1）キンカンはへたを取り、洗って水分を拭き取る。
2）鍋にキンカンと酢を入れ、沸騰してきたらふたをして弱火で10分煮る。
3）砂糖を加え、ふたを少しずらしてのせ、さらに10～15分煮る（噴きこぼれに注意）。
4）火を止めたら、ふたを開けずに冷めるまで置く（急に冷ますと皮にしわが寄る原因になる）。

ご飯・麺・パン | RICE/NOODLES/BREAD

締めキビナゴの手綱ずし

■材料（2人分）
・すし飯…1合分（白ご飯茶わん2杯分）
（合わせ調味料：酢大さじ2、砂糖大
さじ1、塩小さじ1）
・キビナゴ（刺し身用）…10匹
（締める調味液：塩少々、酢大さじ1、
砂糖大さじ1/2）
・サーモン刺し身（冊）…10cm長さに薄切
りしたもの10枚
・薄焼き卵…1/2枚
（1枚分の作りやすい分量…卵1個、
塩、砂糖、酒、水溶き片栗粉各少々）
・キュウリ…1/2本（ピーラーで薄切りに
する）
※ちらしずしの具をみじん切りにして大
さじ3をまぜ込んでもおいしい。桜鯛
の昆布締めや塩ゆでしたエビの開きな
ど、好みの魚で。菜の花など旬の野菜
を使っても楽しめる

■作り方
1）手開きして骨を外したキビナゴを調味液に10分ほど漬けておき、
白っぽくなったらキッチンペーパーで水気を取り、片身ずつ2枚
に分けて背びれを取り除いておく。
2）キュウリとサーモンを長さ10cm幅1cmに、薄焼き卵は1cm幅（10
枚）に切っておく。
3）すし飯を2つに分けてラップを敷いた巻きすに細長く置き、20×
3cmほどの棒状に整えてくるんでおく（2本作る）。
4）巻きすに新しいラップを敷き、皮を下にしたキビナゴ、キュウリ、
サーモン、薄焼き卵を斜め45度で全体が20×8cmぐらいの長方形
になるように並べる。真ん中に③をラップを外してのせ、巻きす
で巻いて軽く形を整える（2本作る）。
5）ラップでくるんだまま、酢水で湿らせた包丁で端を切り落とし、
5等分にカットする。切り終わったらラップを外し、重箱や皿に盛り
付ける。

サバのドライカレー

■材料（2人分）
・サバの水煮缶…1缶（190g）
・タマネギ…1/2個
・ズッキーニ…1/3本
・ショウガ…1/2片
・植物油…大さじ1
・ひよこ豆（乾燥）…100g
　Ⓐ ┌ クミンパウダー…小さじ1/2
　　 │ コリアンダーパウダー…小さじ1
　　 └ カルダモンパウダー…小さじ1/2
　Ⓑ ┌ だし汁（かつお節）…100㎖
　　 │ トマトケチャップ…大さじ1
　　 └ 中濃ソース…大さじ1
・濃い口しょうゆ…小さじ1
・レモン汁…小さじ1〜2
・ご飯…茶わん2杯分
・温泉卵…2個
・青ジソ（千切り）…適量

■作り方
1）タマネギは粗みじん切りにする。ズッキーニは1cm角に切る。ショウガはみじん切りにする。

2）フライパンに油を熱し、①を中火で炒める。タマネギが透き通ってきたら、Ⓐを加えて全体を炒める。スパイスの香りが立ってきたらサバの水煮缶を汁ごと加え、身をほぐしながら炒める。

3）②にⒷとひよこ豆を加え、弱めの中火で5分ほど煮込む。汁気がなくなってきたら濃い口しょうゆを加えて火を止め、仕上げにレモン汁を加えまぜる。

4）器にご飯と③を盛って温泉卵と青ジソをのせる。

海鮮サラダずし

■材料（4〜6人分）
・米…3カップ
・すし酢…黒酢大さじ4、砂糖大さじ5、
　　　　塩小さじ1と1/2
・すし具…キュウリ1本、ニンジン1/2本、
　　　　プロセスチーズ50g
・刺し身…カツオ、イカ、タイ刺し身
　　　　各100g
・たれ……薄口しょうゆ大さじ1、
　　　　みりん小さじ2
・卵焼き…卵3個、砂糖大さじ1、
　　　　塩小さじ1/3
・イクラのしょうゆ漬け…適量
・菜花…3〜5本

■作り方
1）3合の目安より気持ち少なめの水で、米を普通に炊く。
2）①にすし酢を回しかけ、まぜて冷ます。
3）キュウリ、チーズは5mm角に切る。ニンジンは5mm角の薄切
　　りにし、やや硬めにゆでる。菜花も色よくゆでておく。
4）卵焼きを焼く。焼き上がってすぐにまきすで巻き、形を整えてお
　　くときれいに仕上がる。
5）②に菜花以外の③の具をまぜる。
6）卵焼きを食べやすい大きさに切る。
7）ケーキ型などにラップを敷き、⑤を詰める。皿にひっくり返し、
　　たれをくぐらせた刺し身とイクラ、卵焼き、菜花をトッピングす
　　る。
8）崩れないように注意して切り分け、皿に盛る。

クレープラップサンド

■材料(22cm 6〜7本)
生地
・薄力粉…100g
・砂糖…10g
・卵(大)…1個
・牛乳…250㎖
・無塩バター…20g
・サラダ油…適宜
　（フライパンに生地が付きそうなとき
　は薄く引く）

具
・レタス
・鶏胸肉のピリ辛マヨネーズあえ
　…鶏胸肉100g、酒、薄口しょうゆ、
　　片栗粉、揚げ油、マヨネーズ、
　　スイートチリソース各適量
・コールスローサラダ
　…紫キャベツの千切り、マヨネーズ、
　　レモン汁、塩、こしょう、砂糖
・ニンジンサラダ
　…ニンジンの千切り、酢、砂糖、塩、
　　こしょう、クルミ

・ワックスペーパーまたはラップ

■作り方
1）牛乳は人肌に温め、バターは溶かしておく。薄力粉と砂糖は一緒
　にふるう。
2）溶き卵と牛乳をよくまぜ、薄力粉と砂糖の入ったボウルに少しず
　つ加えまぜる。
3）②のボウルにバターを少しずつ加えまぜ合わせ、冷蔵庫で1時間
　から一晩休ませる。
4）フッ素加工のフライパン（26cm）を中火で温めてコンロから外し、
　お玉1杯分の③を入れ素早く広げる。
5）表面が乾いたら菜箸やヘラで持ち上げ、生地の先を指でつかんで
　ひっくり返し裏面も同様に焼く。残りの生地も同様に焼いて冷ま
　しておく。
6）鶏胸肉を2cm幅にカットし、酒、薄口しょうゆで軽く下味をつけ
　片栗粉をまぶして油で揚げ、マヨネーズとスイートチリソースを
　1：1であえたソースを絡める。
7）千切りしたキャベツをさっと湯通しして水気を切り、マヨネーズ
　にレモン汁、塩、こしょう、砂糖をそれぞれ少量加え、あえる。
8）千切りしたニンジンを酢、砂糖、塩、こしょう、クルミであえる。
9）広げた生地の真ん中より手前にレタス、⑥⑦⑧を置いて包むよう
　に巻き、ワックスペーパーやラップでくるんでカットする。

梅のチキンカリフォルニアロール

■材料(2本分)
- 梅干し(みじん切り)…2個分
- 青ジソ…5枚(半分をみじん切り、残りを千切り)
- 完熟梅ジャム…大さじ1
- 白ごま…大さじ1
- ご飯…2杯分(300g)
- 焼きのり…2枚
- 鶏胸肉…1枚(200〜250g)
- サラダ油…適量

A［ 塩、こしょう…少々
　　ニンニク…1片
B［ 濃い口しょうゆ、完熟梅ジャム…各大さじ2
　　みりん、酒…各大さじ1
- アボカド(小)…1個
- クリームチーズ…100g
- レタス…1、2枚
- 白ごま(仕上げ用)…適量

■作り方
1) 鶏肉は厚みが均一になるよう切り込みを入れて開き、Aを軽く擦り込む。
2) 油を熱したフライパンで①の鶏肉を皮面からこんがり焼き、裏返してふたをし蒸し焼きにする。両面が焼けたら、まぜておいたBをかけて絡める。
3) 梅干しと青ジソ（みじん切り）、梅ジャム、白ごまを合わせておく。
4) 青ジソ（千切り）は水にさらし、水気を切る。温かいご飯に③を箸で切るようにまぜる。レタスは5cm幅にちぎっておく。アボカドは半分を縦に4等分する。クリームチーズは約1.5cm角の棒状に、②は2cm角の棒状に切る。

5) のりを巻きすにのせ、奥から5分の1を空けて④のご飯の半量を薄く延ばし広げる。その上にのりの幅にカットしたクッキングシートをかぶせ、巻きすは下に敷いたままひっくり返してのりを上面にする。手前にご飯のない部分がくるように置く。
6) ⑤にレタスを敷きアボカド、クリームチーズ、鶏肉を半量ずつ並べる。巻きすとクッキングシートを持ち、手前から奥へぐるっと巻いて形を整え、クッキングシートを外しラップで巻く。同様にもう1本作る。包丁を水で湿らせながらそれぞれ6等分し、青ジソ（千切り）をのせて白ごまを振る。

完熟梅ジャム

■材料
- 完熟梅…500g　　・砂糖…200〜300g

■作り方
1) なるべく熟した梅を用意し、まだ青いものは紙袋などに入れ涼しい所で追熟させる。いったん冷凍した完熟梅は凍ったまま使える。鍋に梅とたっぷりの水を入れ中弱火にかけ、沸騰しないように数分煮て、果肉が軟らかくなったら火を止め、そのまま冷ます。

2) 冷めたらステンレス製のざるに移し木べらで実を潰しながら果肉をこし、別の鍋に入れる。ざるに残った種は別の容器にとって少量の水を加え、果肉を再度こして鍋に加える。
3) 鍋に砂糖を加え5〜10分とろみがつくまで煮る。味見をし、好みで砂糖を足して3分ほど煮込む。

ちりめんじゃことスダチの
ぶっかけそうめん

■材料(2人分)
・そうめん…3束
・スダチ…2個
・ちりめんじゃこ…30g
・オクラ…8本
・ミョウガ…1個
・好みでチリペッパー…適量

麺つゆ

A
```
┌ だし汁…600㎖
│ 薄口しょうゆ…大さじ2
│ みりん…大さじ2
└ コリアンダーパウダー…小さじ1/2
```
※麺つゆは冷蔵庫で約3日間保存可

■作り方
1)鍋に A を入れて火にかけ、ひと煮立ちしたら粗熱を取り冷蔵庫で冷やす。
2)そうめんは袋の表示に従ってゆで、途中でオクラも加えて1分ほどゆでる。そうめんは流水で冷やし、水気をよく切る。
3)スダチは1つを薄い輪切りに、もう1つは半分に切る。ミョウガは千切りにし、②のオクラは細かく刻む。
4)器に②のそうめんを入れて①を注ぎ、オクラとちりめんじゃこ、ミョウガ、スダチの輪切りをのせる。
※好みで③の半分に切ったスダチを搾り、チリペッパーを振りかける

ルーロー飯と 夏野菜の漬物

　豚肉をじっくり煮込む台湾料理のルーロー飯(はん)は、五香粉(ウーシャンフェン)を使えば短時間で本格的な味わいに。
　サラダ感覚で食べられる夏野菜の漬物も食欲をそそります。

ルーロー飯
■材料(2人分)
・豚肩ロース肉(塊)…200g
・タマネギ…1/2個
・シイタケ…2枚
・ニンニク、ショウガ…各1/2片
・ゆで卵…2個
・植物油…大さじ1/2
・水…150mℓ

A
┌ 濃い口しょうゆ、きび砂糖
　　…各大さじ1と1/2
│ 酒、オイスターソース
└　　…各大さじ1

・五香粉…小さじ1/4
・水溶き片栗粉
　…片栗粉大さじ1/2、水大さじ1
・ご飯…ご飯茶わん2杯分

夏野菜の漬物
■材料(作りやすい分量)
・キュウリ、ナス(小さめ)…各1本
・ミョウガ…1個
・ニンジン…1/3本
・ショウガ…1/2片
・切り干し大根…15g

B
┌ 薄口しょうゆ、みりん…各大さじ3
└ 酢、きび砂糖…各大さじ2

※野菜は全部で300gが目安

■作り方
1) タマネギは粗めのみじん切りにする。シイタケは石突きを取り7mm角に切る。ニンニク、ショウガはみじん切りにする。豚肉は1cm角に切り、包丁で軽くたたく。
2) フライパンに植物油、ニンニク、ショウガを入れて中火にかける。香りが立ってきたら豚肉、タマネギを入れて炒める。肉の色が変わってきたらシイタケを加え、全体に油が回るまで炒める。
3) ②に水を加え、煮立ってきたらあくを取ってAを入れ、ふたをして弱火で5分煮る。ふたを取り、五香粉、ゆで卵を加えて、時々返しながら2〜3分煮る。水溶き片栗粉でとろみを付ける。
4) 器にご飯を盛り③のあんをかけ、半分に切ったゆで卵と夏野菜の漬物を添える。

夏野菜の漬物
1) キュウリとミョウガは小口切り、ショウガは細切り、ニンジンとナスは厚さ3mm前後のいちょう切り、切り干し大根は水で洗い、水気を絞ってざく切りにする。ナスは水に10分ほどさらし、水気を絞る。ボウルに全ての野菜を入れ合わせておく。
2) 鍋にBを入れてひと煮立ちさせ、熱いうちに①のボウルに入れてまぜ合わせる。
※冷蔵庫で4〜6日保存可能

夏野菜が彩り鮮やかな和風ロコモコ

■材料（2人分）
・雑穀ご飯（白ご飯）…茶わん2杯分
・卵…2個

付け合わせ野菜
　カボチャ、ナス、カラーピーマンなどの焼き野菜、塩ゆでしたオクラやゴーヤー、トマト、アボカド、レタス、キュウリなどの生野菜、紫キャベツのマリネ

ハンバーグ（2個分）
　合いびき肉（好みの種類）100g、絹ごし豆腐100g、タマネギみじん切り1/4個分、卵白1個分、パン粉50g、塩、こしょう、ナツメグ少々、サラダ油少々

煮込み用ソース
　食べやすくカットしたエリンギやシメジなどのキノコ類100g、タマネギ薄切り50g、水100㎖、焼き肉のたれ（市販）大さじ3、濃い口しょうゆ、みりん、酒大さじ1、砂糖小さじ1、水溶き片栗粉（片栗粉大さじ1/2、水大さじ2）

マヨネーズドレッシング
　卵黄1個分、マヨネーズ大さじ2、牛乳大さじ1、砂糖、塩、こしょう少々、好みで練りがらし少々

■作り方
1）ボウルにハンバーグの材料を入れ、粘りが出るまでよくまぜる（卵黄はドレッシングに使うので取り分けておく）。
2）①を2等分にして成形し、油を引いて熱したフライパンにふたをして中弱火で約5分蒸し焼きにする。片面に焼き色が付いたらひっくり返し、煮込み用ソースの具材を周りに並べて水溶き片栗粉以外の調味料を加え、再びふたをして約10分弱火で煮込む。
3）ハンバーグに火が通り、野菜がしんなりしてソースになじんだら水溶き片栗粉を回し入れ、とろみが付いたら火を止める。
4）器にレタスを敷いて、ご飯、付け合わせの野菜、ハンバーグ、ソースを彩りよく盛り付け、半熟の目玉焼きを添える。

※卵黄にマヨネーズを加えてまぜ、牛乳でのばして砂糖、塩、こしょうなどで味を調えたマヨネーズドレッシングを野菜や目玉焼きにかけてもよい

すりおろしトマトの冷製パスタ

■材料（2人分）
・パスタ…160g（乾麺1.4mm）

すりおろしトマトソース
（出来上がり250g）
・完熟トマト…中2個（約200g）を横半分にカットして種を除き、すりおろす
・タマネギ…1/4個（約50g）
・ニンニク…1/4片（約1g）
・エクストラバージンオリーブ油…大さじ6
・砂糖、塩…各小さじ1/2
・白ワインビネガー…小さじ2（なければ穀物酢またはレモン汁）
・こしょう…適量（できれば黒こしょう）
・オリーブ油…適量（炒め用）

パスタの具
・ナス…1本
・モッツァレラチーズ…50g
・生ハム…4枚（好みで調整。食べやすい大きさにちぎる）
・バジル…5枚（なければ青ジソやパセリの粗みじん切り）
・オリーブ油…大さじ4（少なければ追加）
・塩、こしょう…適量

■作り方
すりおろしトマトソース
1）フライパンにオリーブ油を入れて火にかけ、みじん切りにしたタマネギとニンニクを入れ、しんなりとなるまで炒めて冷ましておく。
2）ボウルに①と残りの全ての材料を入れ、泡立て器でよくかきまぜる。

具とパスタの準備
1）ナスはへたを取り、縦半分に切って両面に格子（幅2cm・深さ5mm）の切り目を入れる。
2）ナスの内側に塩を振って5分ほど置き、出てくる水分をよく拭き取る。
3）フライパンに多めのオリーブ油を引き、②の内側を焼き色が付くくらいしっかりと高温で焼き、皮目の方も同様に焼く（大体片面2、3分ずつ。フライ返しで軽く押し付けながら焼くとよい）。
4）③をキッチンペーパーに上げ、余分な油を取って一口大にカットし、塩、こしょうを振る。
5）鍋に2ℓの湯を沸かし、大さじ1くらいの塩を入れてパスタを表示の時間より1分長くゆでる。ゆで上がったら流水で洗い、ざるに上げて水分をよく切り、塩、こしょうで下味をしっかり付けておく。

仕上げ
1）ボウルにパスタとナス、水分をよく切って1cm角に切ったモッツァレラチーズを入れ、3分の2量のトマトソースと合わせて塩、こしょうで下味を付ける。
2）皿に①を盛り付けて生ハムを飾り、残りのソースをよくかきまぜてかけて、ちぎったバジルを飾り、黒こしょうを振る（バジルは刻んでソースに入れてもよい）。

ピタパンサンド ハニーマスタード チキン

ピタパンサンド
■材料（円形生地4枚分）

A
 強力粉…100g
 薄力粉…50g
 砂糖…5g
 塩、ドライイースト…各2g

・ぬるま湯…90㎖
・オリーブ油…10g
・ハニーマスタードチキン、蒸しエビ、
 ハム、レタス、トマト、キュウリ、
 タマネギのスライスなど好みの具材
 …適量

ケバブ風ソース（出来上がり約100g）
・トマトケチャップ、マヨネーズ、
 ヨーグルト（無糖）…各大さじ2
・レモン汁、こしょう、蜂蜜…適量
・好みでチリパウダーやクミンシードなど
 のスパイス

ハニーマスタードチキン
■材料（2人分）
・鶏もも肉…1枚
・塩、こしょう…少々
・小麦粉、サラダ油…適量

B
 濃い口しょうゆ、酒、みりん、蜂蜜、
 粒マスタード…各大さじ1

■作り方
ピタパンサンド

1）ケバブ風ソースの材料を全てボウルに入れ、よくかきまぜる。

2）ピタパンを作る。別のボウルにAを入れ、ぬるま湯を加えゴムべらでまぜ合わせる。生地がまとまってきたらオリーブ油を加えまぜ合わせ、強力粉（分量外）で打ち粉をした台でよくこねる。

3）②が滑らかになったらボウルに入れラップをし、2倍の大きさに膨らむまで常温で30分ほど置く。

4）③を4等分して丸め、乾燥しないように固く絞ったぬれ布巾をかける。麺棒に軽く強力粉（分量外）を振って生地を直径12cmくらいの円形に延ばし、乾燥しないようラップをかけ10分置く。焼く前にもう一度、麺棒で延ばす。

5）熱したフライパンに④の生地を並べて両面を5秒ずつ焼き、ふたをして中～弱火でふつふつと膨らむまで焼く。裏返してもう片面も同じように膨らむまで焼いて取り出し、乾燥しないようにラップをかけておく。粗熱が取れたら半分に切り、好みの具を挟み①のソースをかける。空洞が開いていないときは、はさみで縦に切り込みを入れて開く。

※余った生地は冷凍保存も可

ハニーマスタードチキン

1）ボウルにBを入れよくまぜ合わせる。

2）鶏もも肉は切り込みを入れ厚みをそろえ、塩、こしょうをし小麦粉をまぶしておく。サラダ油を熱したフライパンで皮目から焼き、焼き色がついたら裏返してもう片面も同じように焼く。①を回し入れ全体に絡めるようにして火を通し、好みの大きさに切り分ける。

鶏飯

■材料（4人分）
- ・ご飯…丼4杯分
- ・鶏がら…1羽分
- ・ささ身…250g
- ・水…1800㎖
- ・ショウガの薄切り…1片分
- ・酒…大さじ2
- ・みりん…小さじ1
- ・塩…小さじ1
- ・薄口しょうゆ…大さじ1

シイタケの甘辛煮
- ・干しシイタケ…6枚(25〜30g)
- ・酒…大さじ1
- ・みりん…大さじ2
- ・濃い口しょうゆ…大さじ2
- ・シイタケの戻し汁…100㎖

錦糸卵
- ・卵…2個
- ・砂糖…小さじ1
- ・塩…2つまみ
- ・油…適量

薬味
- ・小ネギ、刻みのり、白ごま、パパイア
  のみそ漬けなど

■作り方
1）鶏がらに熱湯を回しかけて、水で血合いなどを洗い流す。干しシイタケはひたひたの水に漬けて戻す（戻し汁は取っておく）。

2）大きな鍋に鶏がら、水、ショウガを入れて火にかけ、沸騰したらふたをして弱火で1時間ほど煮込む（圧力鍋を使う場合は圧力がかかってから弱火で10分）。

3）②にささ身を入れ火が通ったら取り出し、細かく裂く。ざるに厚手のクッキングペーパーを敷き、鍋のスープをこす。少量のスープをささみに振りかけておくとしっとりする。スープに酒、みりん、塩、薄口しょうゆを加え味を調える。

4）戻したシイタケは石突きを取り千切りにして、調味料、戻し汁と一緒に鍋に入れ味を煮含める。

5）卵を溶いて調味料を加え、錦糸卵を作る。

6）パパイア漬け、ネギなど薬味をみじん切りにする。

7）出来上がった具を皿に盛り付ける。器にご飯をよそい、好みの具や薬味、刻みのりをのせてスープをたっぷりとかけて食べる。

※具材をのせるので、スープは薄い塩味ぐらいがちょうど良い

※透明の"黄金スープ"を取るこつは②の工程でぐつぐつ沸騰させないこと。途中のあく取りは不要

※薬味のネギや漬物の代わりに刻んだ青ジソや梅干しを入れると、さらにさっぱりした風味になる

イチゴの
フレンチトースト

■材料(2人分)
・食パン(5枚切り)…1枚
・無塩バター…15g(サラダ油でも可)
・イチゴ、クルミ、ミントの葉…適量
※食パンは耳を切り落とし半分にカット
　する

漬け液
・卵…1個
・牛乳…120㎖
・砂糖…大さじ2

蜂蜜クリーム(出来上がり約100g)
・クリームチーズ…50g
・生クリーム…40g
・蜂蜜…大さじ1

イチゴソース(出来上がり約80g)
・イチゴ…130g
・砂糖…大さじ2

■作り方
1）ボウルに卵を割り入れて泡立て器でよく溶きほぐし、牛乳と砂糖
　を加えしっかりとまぜた漬け液にパンを浸し、十分に染み込ませ
　る。
2）フライパンにバターを入れ中火〜弱火にかけ、パンの両面を焼き
　色が付くまで焼く。
3）②を3つに切って3枚ずつ皿に盛り、蜂蜜クリーム、イチゴソー
　ス、イチゴ、ミントの葉、刻んだクルミを飾る。

蜂蜜クリーム
1）ボウルにクリームチーズを入れ常温に戻し、蜂蜜を加えて、滑ら
　かになるまで泡立て器でよくまぜる。6〜7分立てにした生ク
　リームを3回に分けて加え、ゴムべらでよくまぜる。

イチゴソース
1）イチゴはへたを取って半分に切り、砂糖と一緒にミキサーに入れ
　てかきまぜ、手鍋に入れる。火にかけ、木べらなどでまぜながら
　沸騰したら弱火〜中火で3〜4分煮詰める。

きんかん入り地鶏の炊き込みご飯

■材料（4、5人分）
- ・米…2カップ
- ・もち米…1カップ
- ・水…3カップ
- ・地鶏肉…100g
- ・鶏のきんかん…150g
- ・ニンジン…50g
- ・ゴボウ…50g
- ・干しシイタケ…3枚

調味料
- ・みりん…大さじ2
- ・酒…大さじ2
- ・薄口しょうゆ…大さじ2
- ・濃い口しょうゆ…大さじ1

※具材を炒め煮にしてから加えることで
鶏肉のコクが増し、具に味がしっかり
染み込んでおいしく仕上がる

■作り方
1）米ともち米は洗ってざるに上げ、水気を切る。干しシイタケは分量の水（3カップ）で戻して薄切りに（戻し汁は取っておく）、ニンジンは細切り、ゴボウは小さめのささがきにし、水に放し水気を切る。鶏肉は1cm角に切る。

2）フライパンに菜種油少々（分量外）を入れ熱し、鶏肉を中火で炒める。肉の色が変わったら、シイタケ、ニンジン、ゴボウを炒め合わせる。調味料を加え、弱火で2分ほど煮て粗熱を取り、ざるに上げて具と汁に分ける。

3）炊飯鍋に米、②の汁とシイタケの戻し汁を入れ（3合の目安まで。汁が足りなければ水を足す）、②の具と鶏のきんかんをのせて炊く。

4）炊き上がったらよくまぜ、器に盛る。

キノコとタラコのパスタ

■材料（2人分）
・シイタケ…4個
・シメジ…1/2パック
・タマネギ…1/4個（約50g）
・パスタ…150g（乾麺1.7mm）
・塩、こしょう…適量
・オリーブ油…適量

Ⓐ
｜ タラコ…80g（薄皮は取る）
｜ 青ジソ…2、3枚（千切り）
｜ 生クリーム…大さじ5
｜ 卵黄…1個分
｜ 無塩バター…15g
｜ あれば昆布茶…2つまみ
｜ あればレモン汁…小さじ1

・トッピング…ブロッコリースプラウト、白ごま
　※好みで刻みのりや小ネギの小口切りなどでも

■作り方
1）シイタケは石突きを取り5mm幅に切り、シメジはほぐして石突きを切る。タマネギは繊維に沿って薄切りにする。
2）フライパンにオリーブ油を入れ、①をしっかりと炒める。
3）ボウルにⒶを入れてまぜる。
4）パスタを表示時間通りにゆで、ゆで上がったら②に入れてしっかりと炒める。
5）④を③に入れて手早くまぜ、塩、こしょうで味を調え、皿に盛ってトッピングを飾る。

※パスタをゆでるときは湯1ℓに対して塩小さじ2程度を入れ、麺にしっかり味を付ける。タラコの量は好みで調整を

秋ザケとキノコの洋風炊き込みご飯

■材料(米2合分)
・秋ザケ(生)…2切れ(皮を取って塩、こしょうで下味を付ける)
・シイタケ…4枚(半分に切ってから薄切りにする)
・シメジ…1/2パック(石突きを取ってほぐす)
・タマネギ…1/4個(みじん切り)
・赤ピーマン…1/2個(3～4mm幅に切る)
・米…2合
・コンソメ(顆粒)…小さじ1～2
・水…400ml
・無塩バター…15g(有塩でも可)
・ローリエ…1枚
・ニンニク…1/4片(1～2mm幅に切る)
・塩、こしょう…適量
・オリーブ油…大さじ1(炒め用)

トッピング
・イクラ、パセリ(みじん切り)、レモン

■作り方
1）フライパンにオリーブ油とニンニクを入れて火にかける。ニンニクが色付いてきたらキノコ類、タマネギ、赤ピーマンを加えて炒め、しんなりとしたら米を入れ2～3分炒める。
2）①を炊飯器に入れ、秋ザケ、水、ローリエ、バター、コンソメを加え、塩、こしょうをする。30分ぐらい置いてから炊く。
3）炊き上がったら全体をよくまぜ、塩、こしょうで味を調える。器に盛りイクラとパセリのみじん切りを散らし、レモンを添える。

落花生の中華風炊き込みおこわ（つあんつあん）

■材料(4人分)
・乾燥生落花生(殻無し)…50g
・うるち米…1合
・もち米…1合
・豚バラ肉(薄切り)…150g
・ニンジン…60g
・干しシイタケ…3枚
・ごま油…大さじ1

A
みりん…大さじ1
酒…大さじ1
オイスターソース…大さじ1
濃い口しょうゆ…大さじ2

B シイタケの戻し汁と水
　…合わせて330㎖

■作り方
下準備
・乾燥生落花生は一晩水に漬けるか、3時間ほど熱湯に漬けて戻す
・干しシイタケは水に浸して戻す(戻し汁は取っておく)

1）うるち米ともち米を合わせて洗い、ざるに上げて水気を切る。
2）落花生は塩少々(分量外)を加えた湯で軟らかくなるまで40〜50分下ゆでし、ざるに上げて水気を切る。
3）豚肉は1cm幅に切り、ニンジン、シイタケは7mm角に切る。
4）フライパンにごま油を熱し、③と落花生を炒める。豚肉の色が変わってきたらAを加え、全体になじんだら火を止める。
5）炊飯鍋に①、B、④の煮汁を入れ全体をよくまぜ、④の具材をのせて炊く。
6）⑤を最初は強火で、沸騰してきたら弱火にして12〜13分火にかけ、火を止めて15分蒸らす。炊き上がったら全体をさっくりとまぜ合わせる（炊飯器で炊く場合は、①と④の具材を入れた後、Bと④の煮汁を合わせて2合の目盛りまで入れ普通に炊く）。

※落花生は下ゆでで時間が短いとシャキシャキした食感になり、長いとほくほくした食感になる

サンショウ風味のいか飯

■材料（4人分）
・スルメイカ…2匹
　（1匹250〜300gぐらいのもの）
・もち米…1合
・ショウガの薄切り…3〜5枚
　┌濃い口しょうゆ…大さじ3
　│酒…大さじ2
Ⓐ│みりん…大さじ2
　│きび砂糖…大さじ2
　└水…600㎖
・実サンショウ（下処理したもの）
　…大さじ1
・片栗粉…適宜
※好みでクコの実や松の実（各小さじ2）
　を入れると切り分けたときに断面が彩
　りよく仕上がる

■作り方
1）もち米を洗い、たっぷりの水に3、4時間漬けておく（一晩漬け
　ておいてもよい）。
2）イカは脚を引き抜いて内臓と軟骨を取り除き、胴の中をきれいに
　洗う。目の下で脚を切り離し、付け根にあるくちばしを取り除く。
　脚の吸盤は手でこそぎ落とし、2、3本に切り分ける。
3）鍋にⒶを入れてよくまぜる。
4）ボウルに水気を切ったもち米と好みでクコの実、松の実を入れま
　ぜ合わせ、スルメイカの胴に詰める（破裂しないよう6割を目安
　に）。胴に③を大さじ1入れて口をつまようじで留める。
5）③を煮立て、④とショウガを入れて落としぶたをして中火で20分、
　ひっくり返してさらに20分煮込む。ふたをして10分蒸らす。
6）いか飯を取り出し、煮汁に実サンショウを加え、好みの濃さまで
　煮詰めてたれを作る（片栗粉でとろみをつけてもよい）。
7）いか飯を食べやすい大きさに切り、皿に盛ってたれをかける。
※残った煮汁に半熟卵をくぐらせて添えるのもお勧め
※もち米が余ったらクッキングシートでふんわり包み、ほどけないようにたこ糸で結んで
　いか飯と一緒に煮るとよい

実サンショウの下処理
　小枝から実を外し、たっぷりの湯で5分ほどゆで、指でつぶせるぐ
らいの軟らかさになったらざるに上げる。1、2時間水に漬け、あく
を抜く。食べてえぐみがあれば水を変えてもうしばらく漬ける。使用
するときはキッチンペーパーで水気を拭き取る。

坦々冷麺

■材料（2、3人分）
・中華麺…1、2玉

たれ

A
白練りごま…大さじ2
麦みそ…大さじ1
きび砂糖…大さじ1
鶏がらスープのもと（粒）
…大さじ1
豆板醤…小さじ1

・無調整豆乳…300㎖

ひき肉甘辛煮
・豚ひき肉…150g
・ごま油…適量
・ショウガ、ニンニク（みじん切り）
…各小さじ1

B
濃い口しょうゆ、麦みそ、砂糖、
みりん…各小さじ2

トッピングの夏野菜
・キュウリ、トマト、ゆでオクラ、塩
ゆでモヤシ、焼きナス、ゆでハンダ
マなど。好みでラー油をかける

■作り方
1）ボウルにAの材料を上から順に入れて泡立て器でよくすりまぜ、
豆乳を少しずつ注いで延ばし、冷蔵庫で冷やしておく。
2）熱したフライパンにごま油を入れてショウガ、ニンニクを炒め、
香りが立ってきたら豚ひき肉を入れ色が変わるまで炒める。Bを
加え、なじませるように炒め合わせる。
3）中華麺をゆで、冷水で締めて水気を切り器に盛る。トッピングの
野菜と②をのせ、①をかける。

梅ショウガの ネギ玉あんかけうどん

■材料（2人分）
・冷凍うどん…2玉
・ネギ…2本
・梅干し…2個
・おろしショウガ…適量
・薄揚げ…1枚
・だし汁…600㎖
Ａ｜みりん…大さじ1
　｜薄口しょうゆ…大さじ1
　｜塩…少々
・水溶き片栗粉
　（片栗粉大さじ1、水大さじ2）

だし巻き卵
・卵…3個
・だし汁…50㎖
・薄口しょうゆ…小さじ1
・砂糖…小さじ1
・植物油…適量

■作り方
1）だし巻き卵を作る。ボウルに卵を割り入れ白身を切るように溶きほぐし、その他の材料をまぜ合わせる。
2）卵焼き器に油を引き中火で温め、①の4分の1量を入れて広げる。
3）焼き色が付かない程度に全体に火が通ったら、奥から手前に手早く巻く。
4）卵焼き器の空いた所に油を引き、巻いた卵を奥に寄せ、①の残りを流し入れて③と同様に焼いて巻く。巻きすで形を整え15分ほど置く。
5）薄揚げは熱湯をかけて油抜きし、幅1㎝の短冊切りに、ネギは長さ2㎝の斜め切りにする。鍋にだし汁とＡを入れて火にかけ、煮立ってきたら薄揚げを入れ2分ほど煮る。水溶き片栗粉を加えてとろみをつけ、ネギを入れてひと煮立ちさせる。
6）うどんをゆでて器に入れ、④を食べやすい大きさに切ってのせ、⑤をかけておろしショウガと梅干しをのせる。

食欲そそる、ご飯のお供

梅みそ

■材料
・青梅…500g
・きび砂糖…400～500g
・麦みそ…500g

> おにぎりや肉に塗って焼いたり、オイルと合わせてドレッシングにしたりと幅広く使えます。

■作り方
1）青梅はたっぷりの水に2時間ほど漬けあく抜きをした後、水気を拭き取り、へたを取る。
2）瓶やホーロー容器にみそ、梅、きび砂糖の順に繰り返し入れ、最後はみそで覆う。1カ月後、砂糖が溶けて梅のエキスが出てきたら種を取り除き、鍋に入れて艶が出るまで弱火で煮詰める。

※冷蔵庫で約1年保存可

ちりめんさんしょう

■材料
・ちりめんじゃこ…100g
・酒…100ml
・みりん、濃い口しょうゆ…各大さじ2
・実サンショウ…大さじ2～3
※下処理の仕方は89ページに掲載
・みりん…小さじ1

■作り方
1）ちりめんじゃこはさっと湯通しする。
2）鍋に酒とみりん（大さじ2）、濃い口しょうゆを入れて煮立て、①を加え弱火で煮汁が半量になるまで煮る。
3）②に下処理した実サンショウを加え、さらに5分煮る。仕上げにつや出しでみりん（小さじ1）を加えてまぜ合わせ、水分を飛ばしてバットに広げ冷ます。

※冷蔵庫で約2週間保存可（冷凍保存も可）

シソの実の塩漬け

> プチプチとした食感で、パスタにあえたり、おにぎりに入れてもおいしい！

■材料
・シソの実…適量
・粗塩…シソの実の重量の10～15％

■作り方
1）シソは枝ごときれいに洗い、指先で挟んで実をしごき取る。
2）鍋に湯を沸かし、塩少々（分量外）を加えて①を1分くらい湯がき、冷水に取りざるに上げて水気を絞る。
3）ボウルに②と粗塩を入れてもみ込み、保存容器に入れる。

※冷蔵庫で1カ月ほど保存可。小分けにして冷凍保存すると長く楽しめる

デザート | DESSERT

緑茶香る梅ゼリー

■材料（4個分）

緑茶のゼリー
・水…大さじ2　　・ゼラチン…3g
・緑茶…150㎖　　・砂糖…大さじ2

梅ゼリー
・水…大さじ4
・梅シロップ…130㎖
・こしあん…60g
・ゼラチン…7g
・水…300㎖
・ミントの葉…適宜

梅シロップの作り方
1）青梅(500g)をたっぷりの水に2時間ほど漬け、あく抜きをする。
2）①をざるに上げ水気を拭き取り、竹串でへたを取って約10カ所突き刺す。
3）密閉袋に②を入れ、冷凍庫で1晩以上寝かせる。
4）③に氷砂糖(500g)を入れ全体をよくまぜ、空気を抜いて密封し冷暗所で保管する。1日数回、袋の上下を返す。
5）4、5日後、氷砂糖が溶け水分が上がってきたら、冷蔵庫に入れる。10日～2週間で飲めるようになる。実はしわが寄る前に取り出し、ジャムなどにする。梅シロップは弱火で約15分加熱し、消毒した瓶などに密封して冷蔵庫で約1年保存可能。

■作り方

緑茶のゼリー
1）水大さじ2に粉ゼラチンを振り入れふやかしておく。
2）鍋に緑茶と砂糖を入れ中火にかけ沸騰直前で火を止め、①を加えてよくまぜ溶かす。バットなどに流し入れ、粗熱が取れたら冷蔵庫で冷やし固める。

梅ゼリー
1）水大さじ4に粉ゼラチンを振り入れふやかしておく。
2）鍋に梅シロップと水を入れ中火にかけ沸騰直前で火を止め、①を加えよくまぜ溶かし粗熱が取れるまで冷ます。
3）こしあんを4等分にして丸めてグラスに入れ、②のゼリー液を注ぎ冷蔵庫で冷やし固める。
4）③のゼリーにフォークで崩した緑茶のゼリーをのせ、ミントの葉を飾る。

イチゴの2色かるかん

■材料(8cm流し缶1台分)

プレーンのかるかん生地
- 山芋…120g(皮をむく)
- 水…60㎖
- 砂糖…120g
- 卵白…1個分
- かるかん粉…120g

イチゴのかるかん生地
- イチゴ…90g(へたを取る)
- 山芋…120g(皮をむく)
- 水…30㎖
- 砂糖…120g
- 卵白…1個分
- かるかん粉…120g

- 甘納豆…100g

※かるかん粉はうるち米を水洗いし、半乾きにしたものを粗く粉砕したもの。上新粉で代用できる

※プレーン生地では砂糖を粉末の黒砂糖(100g)に代えたり、練りあんを入れたりとアレンジが楽しめる

■作り方

下準備
- 鍋に湯を沸かして蒸し器をセットし、流し缶にクッキングシートを敷く。
- 材料を量り、山芋は細かく切っておく。

1) プレーンかるかんの生地を作る。山芋、水、砂糖80gをミキサーにかけ、滑らかになるまでまぜる。

2) ボウルに卵白を入れ、ハンドミキサーで泡立てる。残りの砂糖を2回に分けて加え、角が立つまで泡立てる。

3) ②に①を少しずつ加え泡立て器でよくまぜ、かるかん粉を加えてゴムべらでまぜる。

4) 流し缶に③を入れ、中～強火で5～8分蒸す。

5) イチゴかるかんの生地を作る。イチゴ、山芋、水、砂糖80gをミキサーにかけ、滑らかになるまでまぜる。

6) プレーンかるかんの作り方②③と同様にして生地を作る。

7) ④を蒸し器から取り出して甘納豆を散らし、⑥を流し入れ強火で約20分蒸す。蒸し上がったら缶から外して冷まし、切り分ける。

※ミキサーがない場合はすり鉢を使い、すりこ木で回しながら徐々に水を加えて延ばす
※かるかん型や浅めの湯飲みを使うときは内側に薄く油を塗っておくと外しやすい

パンナコッタ 季節のフルーツと 蜂蜜のジュレ添え

パンナコッタ
■材料(120mlプリンカップ約6個分)
- 牛乳…200ml
- 生クリーム…200ml
- 砂糖…大さじ3
- 粉ゼラチン…小さじ2(約5g)
- 水…大さじ2
- バニラエッセンス…少々(なくてもよい)
- オレンジ、キウイなど好みのフルーツを2cmくらいにカットしたもの、エディブルフラワー(食用花)など…適量

蜂蜜のジュレ
■材料(作りやすい分量)
- 水…350ml
- 蜂蜜…45g
- レモン汁…小さじ1
- 粉ゼラチン…小さじ2(約5g)
- 水…大さじ2(ふやかし用)

■作り方
蜂蜜のジュレ
1) 粉ゼラチンに水大さじ2を加え、軽くまぜてふやかしておく。
2) 鍋に残りの材料を入れ火にかけ、周りがふつふつとするまで温めたら火を消す。①をまぜ入れて容器に移し、常温に戻してから冷蔵庫で冷やし固める。スプーンなどで細かく砕くときれいに盛り付けられる。

パンナコッタ
1) 粉ゼラチンに水大さじ2を加え、軽くまぜてふやかしておく。
2) 鍋に生クリームと牛乳、砂糖を入れ中火にかけながらまぜる。
3) 周りがふつふつとするまで温めたら火を消し、①のゼラチンとバニラエッセンスを入れかきまぜる。
4) ③をボウルに移し、底を氷水に当ててゴムべらでまぜながら粗熱を取る。
5) 常温ぐらいまで冷めたらプリンカップに流し入れ、冷蔵庫で冷やし固める(3時間以上)。
6) プリンカップから器に移し、周りにカットしたフルーツを並べて蜂蜜のジュレをのせ、エディブルフラワーなどを飾る。

サワーポメロの
チョコテリーヌ

■材料(18cmパウンド型)

A[
　ブラックチョコレート(製菓用または市販用)…200g
　バター(食塩不使用)…50g
　サラダ油…30g
　純ココア(パウダー)…10g
]

・溶き卵…2個分
・砂糖…30g
・生クリーム…80g
・薄力粉…5g
・ラム酒…10mℓ(好みで)
・サワーポメロジャム…大さじ4
・純ココア(パウダー)…適量

サワーポメロジャム(作りやすい分量)
・サワーポメロ(小)…2個
・砂糖…外皮と果肉の総分量の50〜60%

■作り方

1) ジャムを作る。サワーポメロを8等分に切り、外皮から外して薄皮をむき、果肉を取り出す。種はお茶パックに詰め、外皮は横に薄切りにする。

2) たっぷりの水と外皮を鍋に入れて火にかけ、沸騰したら中火で5分煮る。外皮をざるに取って水にさらし、固く絞って鍋に戻す(3回繰り返す)。

3) 鍋に砂糖と②、果肉、種入りのお茶パックを入れ中火にかけ、砂糖を溶かすようにまぜる。強火で15〜20分煮詰め、透明なとろみが底に残る程度になったら、お茶パックを取り除いて瓶に詰めて冷ます。

4) チョコテリーヌを作る。材料を常温に戻し、パウンド型にクッキングシートを敷く。Aをボウルに入れ、60〜70度の湯せんにかけながら、泡立て器で気泡を作らないように溶かす。

5) 溶き卵に砂糖を加えまぜ、④に少しずつ加えよくまぜる。さらに生クリームを入れてまぜたら薄力粉を振り入れ、好みでラム酒を加えよくまぜる。

6) パウンド型に⑤を半分流し入れ、中央に小さじでサワーポメロジャムを棒状にのせる。残りの生地を流し入れ、天板(またはバット)に置いて天板に湯を注ぎ、180度に予熱したオーブンで30分焼く。表面が乾いたら取り出して冷まし、冷蔵庫でよく冷やして型から外す。外しにくいときは温めたぬれタオルを底に当てて取り出す。底面を上にして皿に出し、純ココアを振る。

※よく温めたナイフで切ると断面がきれいになる

ベーコンとオリーブのサブレ

■ 材料（直径3.5cmで約30枚分）
・無塩バター…55g
・粉砂糖…15g
・薄力粉…110g
・粉チーズ…25g
・エキストラバージンオリーブ油
　…大さじ1/2
・塩…2つまみ
・黒オリーブ…20g（水分をよく拭き取
　り、粗みじん切り）
　※なければグリーンオリーブでも可
・ベーコン…20g（4、5mmの角切り）

■ 作り方
1）粉砂糖、薄力粉は振るっておく。バターは常温に戻
　　し、クリーム状になったら粉砂糖を入れ、泡立て器
　　でよくまぜる。
2）①に残りの材料を入れ、手でまぜながらひとまとめ
　　にする。
3）広げたラップに②を置き、ラップをかぶせて麺棒で
　　5mm〜1cm厚さに延ばし、冷蔵庫で1時間ほど生地
　　を休ませる。
4）好みの型で抜いて天板にのせ、170〜180度のオーブ
　　ンで15〜20分焼く。

※好みでフルールドセル（粗塩）を少量のせて焼いてもおいしい
※生地にカルダモンパウダーを少量加えると風味が増す

ゆずチーズケーキ

■材料 (底取れ式の15cm丸型)

- ・クリームチーズ…200g
- ・無糖ヨーグルト…100g
- ・砂糖…80g
- ・生クリーム…200㎖
- ・卵…2個
- ・薄力粉…大さじ2
- ・ゆずピール…50g
- ・ユズ…1個
- ・ビスケット…70g
- ・無塩バター…30g

ゆずピール (作りやすい分量)

- ・ユズの皮(農薬、防腐剤不使用のもの)
  …2個分(それぞれ4分の1にカット)
- ・砂糖…ユズの皮の重量の8割程度
- ・グラニュー糖…適量

■作り方

1) クリームチーズ、ヨーグルト、卵は常温に戻す。バターは電子レンジにかけて溶かす。型にクッキングシートを敷き、オーブンを180度に予熱する。ゆずピールはグラニュー糖を洗い流し、水気を拭き取って5〜7㎜角に切る。ユズは果汁大さじ1を搾り、皮の半分をすりおろし、残りはわたをスプーンで取り除きみじん切りにする。

2) ビニール袋にビスケットを入れ麺棒で細かく砕き、溶かしバターとみじん切りにしたユズの皮を加えよくなじませ、型の底に敷き詰めて冷蔵庫で冷やす。

3) ボウルにクリームチーズを入れ、ゴムべらで滑らかになるまでまぜる。砂糖、卵、ヨーグルト、生クリーム、ユズ果汁の順に加え、その都度なじむように泡立て器でよくまぜる。薄力粉をふるい入れ、まぜ合わせたらざるでこす。

4) ③にすりおろしたユズの皮とゆずピールを加え、②に流し入れて型をアルミホイルで包む。天板に型をのせて湯を張り180度のオーブンで30分、続けて160度で30分湯煎焼きし、粗熱が取れたら型のまま冷蔵庫で半日以上冷やす。

ゆずピールの作り方

1) ユズの皮はわたを取り除いて縦5〜7㎜幅に切る。鍋にユズの皮とひたひたの水を入れ、10分ゆでて水にさらし、水気を軽く絞る(同様に3回繰り返す)。

2) 鍋に①のユズの皮と砂糖を入れ、中火でつやが出るまで10分ほど煮詰める。クッキングシートに広げ冷まし、100度に予熱したオーブンで30分乾燥させ、粗熱が取れたらグラニュー糖をまぶす(自然乾燥でも可)。

ソラマメ団子の
ぜんざい

■材料(4人分)
・小豆…200g
・きび砂糖…120〜150g
　(好みの甘さに調整)
・水…1000ml
・塩…2つまみ
・桜花塩漬け…適量

ソラマメ団子
・ソラマメ…150g
　(さやから取り出した正味分)
・白玉粉…50g
・水…50〜70ml

※きび砂糖は一度に全量を加えると、小
　豆の皮が収縮して硬くなるので注意。
　数回に分けて加えるとふっくらと仕上
　がる
※ソラマメ団子は、ゆでて冷凍保存も可。
　ホワイトソースと合わせたり、スープ
　に入れたりしてもよい

■作り方
1)小豆はきれいに洗い鍋に入れ、小豆の3倍の水(分量外)を加えて中
　火にかける。沸騰したら5分ほどゆで、ざるに上げてゆで汁を捨てる。
2)①の小豆を鍋に戻し、水を加え再度中火にかける。沸騰したら弱火に
　し、ふたをして40〜50分煮る。時々ふたを開けてあくを取り除き、ゆ
　で汁が少なくなったら差し水をする。
3)小豆が指でつぶせるぐらいの軟らかさになったら、きび砂糖を2、3
　回に分けて加え軽くまぜ、弱火で5〜10分煮る。仕上げに塩を加える。
4)別鍋にたっぷりの湯を沸かし、ソラマメを5分ほどゆでる。軟らかく
　ゆで上がったらざるに上げ薄皮をむき、ボウルに入れてフォークなど
　でつぶす。
5)④に白玉粉を入れ、水を少しずつ加えながらよくこねる。耳たぶくら
　いの硬さになったら、ソラマメの形に成形する。
6)沸騰した湯に⑤を落とし入れ、浮き上がってきたらさらに1分ほどゆ
　で、冷水に取る。
7)⑥を③に入れてひと煮立ちさせ、器に盛って塩抜きした桜花塩漬けを
　飾る。

リンゴの
アップサイド
ダウンケーキ

　フライパンの底に薄切りリンゴを敷きつめ、生地を流し込んで焼くアップサイドダウンケーキ。丁寧に泡立てた生地にヨーグルト、クルミ、シナモンが加わり、しっとり優しい仕上がりになります。温かい飲み物と一緒にいただきたくなるおやつです。

■材料(直径20cmのふた付きフライパン)
・リンゴ (大)…1個(酸味のない種類はレモン汁大さじ1～2であえる)
・リンゴにまぶす砂糖…30g
・無塩バター…80g
・卵(L)… 2個
・砂糖…60g
・薄力粉…80g
・アーモンドパウダー…20g (薄力粉 100gでも可)
・ベーキングパウダー…小さじ1/2
・シナモン…適量
・ヨーグルト…大さじ2
・刻んだクルミ…30g
・フライパンに塗るバター…適量

※フライパンの代わりにケーキ型(直径18cm)に大きめのオーブンシートを敷き、170度(予熱あり)のオーブンで40～45分焼いてもよい

■作り方
1) リンゴは皮付きのまま芯を取り、厚さ5mmにスライスする。フライパンに入れて砂糖をまぶし、ゴムべらで返しながらしんなりするまで3分ほど炒める。粗熱が取れたら取り出し(煮汁も分けて取っておく)、フライパンにバターを塗っておく。
2) ①のリンゴを皮を下にしてフライパン中央に6枚を横に、残りを放射状に重ね並べる。
3) 無塩バターを電子レンジにかけて、溶かしバターを作る(温度は40度ぐらい)。
4) 全卵を溶きほぐし砂糖を加え、ボウルごと湯煎にかけもったりとするまで泡立て器でまぜて生地を作る(温度は40度ぐらい)。①の煮汁とクルミ、ヨーグルトを入れてまぜる。
5) ④に薄力粉、アーモンドパウダー、ベーキングパウダー、シナモンを合わせたものをふるい入れ、粉っぽさがなくなるまでゴムべらでまぜる。
6) ③に⑤の2割ほどを入れゴムべらでまぜ、つやつやになったら残りの生地のボウルに戻し入れて全体をまぜ合わせる。
7) ②のフライパンに⑥を流し入れ、ふたをして弱火で25～30分焼く。焼けたらフライパンに皿を当てて、裏返しにして取り出す。

竹の皮の
よもぎ団子

■材料（2本分）
・サツマイモ（中）…１本（約200g）
・きび砂糖…80g
・もち米粉…80g
・薄力粉…40g
・ゆでたヨモギ…100g
・小豆あん…200g
・竹の皮…２枚
　（ないときはクッキングペーパーでも
　可）

※ヨモギの新芽はあくが少ないので、塩
　をひとつまみ入れた熱湯でゆで、水に
　さらす程度で十分。大きく育った葉は、
　ゆでる時に重曹を入れてあく抜きして
　から使う（水２ℓに重曹小さじ１ぐら
　い）

※ヨモギが手に入らないときは、よもぎ
　粉（10g）を50㎖ぐらいの水でふやかし
　て使う。サツマイモの甘さによって、
　砂糖の量は加減する

■作り方
１）サツマイモは皮をむき２㎝幅の輪切りにし、水にさらしてあくを
　　抜く。
２）①を蒸して温かいうちにつぶす。
３）ゆでたヨモギを粗みじん切りにし、すり鉢やフードプロセッサー
　　でペースト状にする。
４）ボウルに③と小豆あん、竹の皮以外の材料を入れて耳たぶぐらい
　　の硬さになるまで水を加えながらよくこねる。
５）④を２等分にし、だ円形にして小豆あんを包む。
６）⑤を竹の皮で包み、細く裂いた竹の皮で結んで湯気の立った蒸し
　　器に入れ、約30分強火で蒸す。

栗どら焼き

■材料
（直径 8 ㎝の菓子約 6 〜 7 個分）
- 卵… 2 個
- 砂糖…90g
- 蜂蜜…小さじ 1
- みりん…小さじ 1
- 重曹…小さじ1/2
  （水小さじ 1 に溶かす）
- 薄力粉…100g
- サラダ油…適量

基本のどら焼き
- 粒あんまたはこしあん…200g
- 栗の甘露煮または渋皮煮
  …6 〜 8 個分（栗は 1 ㎝角にカットし、あんにまぜ込む）

オープンサンド風のどら焼き
- 粒あん…200g
- 生クリーム…100g
  （冷やして砂糖大さじ 1 を加え、泡立てておく）
- 栗の甘露煮または渋皮煮10個分
  （大きいものは 5 個を半分に切る）
○カスタードクリーム
- 卵黄… 2 個分
- 砂糖…60g
- 薄力粉…20g
- 牛乳…200㎖
- 生クリーム…50㎖

■作り方
カスタードクリーム
1）鍋に卵黄を溶いて砂糖を加え、薄力粉を振るい入れよくまぜる。
2）電子レンジ（600W）で 1 分温めた牛乳を少しずつ①に加える。中火でまぜ続け、ふつふつしてきたら弱火にして 1 分まぜて火から下ろす。
3）密閉容器に入れて冷やし、使う直前に生クリームを加えよくまぜる。

生地
1）ボウルに卵を溶き、砂糖、蜂蜜、みりんを加え、生地が白っぽくもったりするまで泡立てる。
2）①に重曹を溶いた水を加えよくまぜ、薄力粉を振るい入れ、さらによくまぜ合わせる。
3）②を冷蔵庫で30分休ませてから大さじ 1 〜 2 の水を加えまぜる。
4）ホットプレートかフライパンに油数滴を引き、空焼きしてからキッチンペーパーで油を拭き取り、③を大さじ 1 〜 2 直径 8 ㎝に円く広げ、ふつふつするまで90秒ほど焼く。裏返して30秒ほど焼き、取り出してぬれ布巾をかけておく。

基本のどら焼き
栗入りのあんを等分し、生地の中央に挟んでラップで包みなじませる。

オープンサンド風のどら焼き
生地にあんを30gぐらい、カスタードクリームを適量のせ、生クリームを口金で絞り出し、栗を飾る。皿に盛り、生地を 1 枚添える。

しっとり カボチャの 蒸しプリン

■材料(直径15cmの底の抜けないケーキ丸型)

カラメル
・砂糖…50g
・水…大さじ2
・湯…小さじ2

プリン液
・蒸して皮をむいたカボチャ…200g
　(冷凍カボチャでも可)
・牛乳…300㎖
　(牛乳は150㎖ずつ2回に分けて使う)
・クリームチーズ…50g
　(生クリームでも可)
・砂糖…50g
・卵…2個
・卵黄…1個分
※好みで生クリーム、カボチャの種を添
　える

■作り方

1)カラメルを作る。小鍋に砂糖と水を入れ中火にかけ
　て、液が褐色になったら火からおろし熱湯を加えま
　ぜる。型に流し入れ底に均一に広げておく。

2)カボチャは丸ごと電子レンジ(500〜600W)で加熱
　し、軟らかくして皮をむいておく。
　※加熱時間の目安は100g当たり1分半〜2分

3)200g分の②を小鍋に入れ、牛乳150㎖を加え沸騰し
　たら火を止める。粗熱が取れたら裏ごしする。

4)③にクリームチーズを加え泡立て器でよくまぜる。
　砂糖、卵、卵黄、残りの牛乳の順に加え、滑らかに
　なるまでその都度まぜる。

5)④をもう一度裏ごしして、①に静かに注ぐ。

6)湯気の上がる蒸し器に入れて、布をかけふたをし弱
　火で約40分蒸す。蒸し上がったらそのまましばらく
　蒸らし、冷めたら冷蔵庫で半日休ませる。型から出
　す時は、竹串で側面をぐるりと一周させ皿をかぶせ
　て取り出す。

7)切り分けて生クリームやカボチャの種を添える。

※フライパンで蒸すときは、高さ2.5cmの熱湯を張ったフライパンの底に
　布巾を1枚敷いて、アルミホイルでふたをした型をやけどしないよう
　に置く。フライパンにふたをして弱火で約45分蒸し、火を止めて30分
　ほど置いて粗熱を取る。火力によって蒸し加減が変わるので、様子を
　見ながら時間を調整する

そうめんのもちもちパンケーキ

　そうめんはシンプルな味わいで、さまざまな料理にアレンジできます。パンケーキに使うともちもち感がアップ。あんこや黒蜜を添えて和風にするのもおすすめです。

■材料(直径8cm8枚分)
・ゆでたそうめん…100g
・小麦粉…100g
・ベーキングパウダー…小さじ1
・きび砂糖…30g
・塩…ひとつまみ
・サラダ油…大さじ1
・卵…1個
・牛乳…大さじ3
・仕上げ用ホイップクリーム、
　好みの果物…適量

■作り方
1）そうめんはよく洗い、水気を切る。牛乳と卵は室温に戻し、合わせてまぜておく。
2）ビニール袋にそうめん、小麦粉、ベーキングパウダー、砂糖、塩を入れてよくもみ合わせる。
3）②をボウルに取り出し、卵と牛乳を少しずつ加えながら泡立て器でのばしていく。温めて油を引いたフライパンで4枚ずつ、2回に分けて焼く。
4）きつね色に焼けたら皿に盛り、果物やホイップクリームを添える。

こうじ＆黒酢　発酵パワーのドリンク

トマトのスムージー

■材料（2 人分）
・塩こうじ…小さじ 1
・トマト(中)…2 個
・赤ピーマン…1/2個
・氷…3〜5 個
・オリーブ油…小さじ 2
・バジルの葉…3 枚

■作り方
材料を適当な大きさに切り、全て
をブレンダーでかきまぜる。

スイートコーンのスムージー

■材料（2 人分）
・塩こうじ…小さじ 1
・スイートコーン…1 本
・牛乳…200㎖

■作り方
スイートコーンをゆで、粒を外す
（新鮮なものは生のままでも可）。
全ての材料をブレンダーでかきま
ぜる。好みで刻みパセリと黒こ
しょうを振る。

黒酢のフルーツサワードリンク

■材料（3、4 人分）
・黒酢…大さじ 2
・オレンジ…1/2個
・キウイ…1/2個
・パイナップル…50g
・ミント…適量
・蜂蜜…大さじ 3
・水…500㎖

■作り方
ガラスポットにミント、黒酢、蜂
蜜、食べやすく切った果物を入
れ、冷蔵庫で 1 時間ほど置く。果
物から果汁が染み出てきたら水を
加え、よくかきまぜてグラスに注
ぐ。

ココアラテ

■材料（2人分）
・甘こうじ…大さじ5
・ココア…大さじ1
・牛乳…300㎖
・カシューナッツ…7〜10個

■作り方
全ての材料をブレンダーでかきまぜ、鍋に移し軽く温める。

パイナップルとゴーヤーのスムージー

■材料（2人分）
・甘こうじ…大さじ2
・パイナップル…100g
・ゴーヤー…50g
・水…200㎖

■作り方
パイナップルとゴーヤーを適当な大きさに切り、全ての材料をブレンダーでかきまぜる。

甘こうじの作り方

■材料
・米こうじ（乾燥）…200g
・水…400㎖

ポイント

■作り方
1）ポットに熱湯（分量外）を注ぎ、温めておく。ボウルに米こうじをほぐしながら入れる。
2）鍋に水を入れ火にかけ、65度になるまで温める。
3）弱火にして米こうじを加え、よくまぜながら60度になるまで温める。
　　※気泡が出始めたら60度の目安。70度以上になるとこうじ菌が死滅するので注意
4）①の湯を捨て③を入れふたをし、約6時間置く。へらですくってとろっとしてきたら出来上がり。冷蔵で1週間、冷凍で1カ月程度保存できる。

・ポットのほか、スープジャーでも作れる。容量に合わせて作る分量を調節する
・容量が大きすぎると、中の温度が保てないので注意
・米こうじの芯が残ってしまった場合は再度加熱し、2、3時間おく

107

いり大豆入り
チョコレートバー

■材料（8cm×18cmほどのトレー）
・いり大豆…50g
・好みのナッツ…20g
・ビスケット…30g
・好みのドライフルーツ…50g
・マシュマロ…25g
・製菓用チョコレート…120g

■作り方
1）ボウルにいり大豆、ナッツ、砕いたビスケット、ドライフルーツ、小さくカットしたマシュマロを入れ、湯煎で溶かしたチョコレートを加えよくまぜる。

2）トレーにクッキングシートを敷き、①を8cm×18cm、厚さ2cmに整えて入れ、冷蔵庫で1時間冷やし固めてから10等分する。

※棒状に固めて輪切りにしたり、ホワイトチョコレートを使ったりするのもお勧め

チョコレート
蒸しケーキ

■材料（15cm丸型）
・板チョコレート…50g
・牛乳…60ml
・サラダ油…20g
・溶き卵…1個分
・砂糖…40g
・薄力粉…70g
・ココア…5g
・ベーキングパウダー…小さじ1

■作り方
1）型にクッキングシートを敷く。粉類は一緒にふるっておく。
2）チョコレートと牛乳、サラダ油を湯煎か電子レンジで温め、泡立て器でよくまぜる。
3）溶き卵に砂糖を加えよくまぜる。②を加えよくまぜ、さらに粉類を加え泡立て器で軽くまぜ、型に移し中火で40分蒸す（好みで割りチョコやチョコチップ、かんきつ類などを生地の中や表面に散らして蒸すのもお勧め）。真ん中に竹串を刺し、生地が付かなければ出来上がり。

みんなが喜ぶ お弁当レシピ

お弁当を作るとき、ついマンネリ化してしまい悩むことはありませんか。手間やコストをかけ過ぎずに、幅広い世代に喜ばれるレシピを紹介します。　※写真の料理の量は、各レシピの分量とは異なります

A ポテトチキンナゲット

■**材料**(16個分)

鶏胸肉…約350g(大きめのもの1枚)
ジャガイモ(大)…1個、酒…大さじ1、塩…小さじ1
黒こしょう…少々、片栗粉…大さじ2、揚げ油…適量
好みでケチャップやマスタード

■**作り方**

1) 鶏肉とジャガイモは粗みじん切りにする。
2) ポリ袋に鶏肉と酒を入れてもみ込み、塩と黒こしょうを加えて粘りが出るまでさらによくもむ。
3) ②にジャガイモと片栗粉を入れてよく合わせる。
4) ③を16等分して丸め、170度の油できつね色になるまで5～6分揚げる。好みでケチャップ、マスタードをつけて食べる。

※ちぎった焼きのりや、ゆずこしょう少々を工程②で加えるのもお勧め

B カレー風味の 焼き卵

■**材料**(4人分)

ゆで卵…4個、植物油…大さじ1
Ⓐ《酒…大さじ1、きび砂糖…大さじ1、濃い口しょうゆ…大さじ1、カレー粉…小さじ1/4》

■**作り方**

1) フライパンに油を熱してゆで卵を入れる。油が跳ねやすいのですぐにふたをして弱～中火で時々揺すりながら焼き色が付くまで焼く。
2) フライパンの余分な油を拭き取り、Ⓐを加えて煮詰めながら全体によく絡ませる。

C エビとはんぺんのふわふわ焼き

■**材料**(8個分)

むきエビ…8匹
はんぺん…1枚
青ジソのみじん切り…2枚分
塩…2つまみ
薄口しょうゆ…小さじ1
ショウガのすりおろし…小さじ1/2
酒…大さじ1
植物油…適量

■**作り方**

1) エビは背わたを取ってポリ袋に入れ、すりこ木などで押しつぶす。
2) ①にはんぺんをちぎり入れ、塩と薄口しょうゆ、ショウガを加えてもみまぜる。青ジソを加えてまぜ、8等分して丸める。
3) フライパンに植物油を薄く引いて熱し、②を入れて両面に焼き目が付くまで焼いたら酒を振り入れ、ふたをして弱火で3分蒸し焼きにする。

D アスパラガスと 山芋の塩麹豚肉巻き

■材料（4人分）

豚ロース薄切り肉…250g、アスパラガス…4〜6本
山芋…150g、塩…少々、片栗粉…適量、植物油…大さじ1
Ⓐ《酒…大さじ1、塩麹…大さじ1と1/2〜大さじ2》

■作り方

1）アスパラガスは根元の皮をむいて半分に切る。山芋は皮をむいてアスパラガスと同じ長さの1.5cm角の棒状に切る。

2）フライパンにアスパラガスが浸る程度の湯を沸かして塩少々を加え、①を1〜1分半固めにゆでて冷水に取り、ざるに上げて水気を切る。

3）豚肉を広げて②のアスパラガスと山芋を2本ずつ巻き、表面に片栗粉を薄くまぶす。

4）フライパンに油を引いて中火で熱し、③の巻き終わりを下にして並べる。転がしながら焼き、肉色が変わったらふたをして途中で上下を返しながら3〜5分蒸し焼きにする。フライパンの余分な油脂を拭き取り、Ⓐを加え全体に絡める。

E ニンジンと クルミのサラダ

■材料（4人分）

ニンジン…1本、オリーブ油…大さじ1
Ⓐ《きび砂糖…小さじ1/2、塩…少々、酢…大さじ1》
クルミ（ロースト）…適量

■作り方

1）ニンジンは千切りにして耐熱容器に入れ、オリーブ油をまぶしてラップをふんわりかけ、電子レンジ（600W）で2分30秒加熱する。

2）①をざるに上げて粗熱を取り、ボウルに入れてⒶと砕いたクルミを加えてあえる。

目でも楽しむお弁当、
開けた瞬間、笑みがこぼれる

F 肉団子の甘酢あん

■材料（12〜15個分）

【肉だね】

合いびき肉…250g

Ⓐ《酒…小さじ１、塩…小さじ1/4、こしょう…
少々、ショウガのすりおろし…小さじ1/2》

卵…１個、タマネギ（みじん切り）…1/4個分

片栗粉…大さじ１と1/2、植物油…大さじ２

酒…大さじ２

【甘酢あん】

きび砂糖…大さじ２、濃い口しょうゆ…大さじ２

ケチャップ…大さじ１、酢…大さじ１

ごま油…小さじ1/2、水…120ml

片栗粉…大さじ1/2

■作り方

1）ポリ袋に合いびき肉とⒶを入れ、粘りが出るま
でよくもむ。卵、タマネギ、片栗粉を順に入れて
もみ、全体がまざったら12〜15等分にして丸め
る。

2）フライパンに油を熱して①を並べ、時々転がし
ながら焼き、表面に焼き色が付いたら酒を振り
入れ、ふたをして弱火で３分蒸し焼きにする。甘
酢あんの材料を合わせておく。

3）②の肉団子を取り出してフライパンの余分な脂
を拭き取り、甘酢あんを入れて火にかけ、とろみ
がついたら肉団子を戻し、全体につやが出るま
でよく絡める。

Ｇ レンコンと
ゴボウの南蛮漬け

■材料（4人分）
レンコン、ゴボウ…合わせて250g
片栗粉…大さじ2〜3、揚げ油…適量
白ごま…適量
【南蛮だれ】
みりん…大さじ2、きび砂糖…大さじ1
薄口しょうゆ…大さじ1と1/2、酢…大さじ3
唐辛子（輪切り）…好みの量

■作り方
1）レンコンとゴボウは皮をよく洗って食べやすい
　　大きさに切り、さっと水に通して水気を拭く。
2）フライパンに南蛮だれの材料を入れ火にかけ、
　　半量になるまで煮詰める。
3）①をポリ袋に入れ、片栗粉を加えて全体にまぶ
　　す。
4）③を袋から出して170度の油でこんがりきつね
　　色になるまで揚げ、油を切ってすぐに②のたれ
　　を全体に絡め、白ごまを振る。

Ｈ カボチャの蜂蜜煮

■材料（4人分）
カボチャ…400g
水…100ml
蜂蜜…大さじ1
濃い口しょうゆ…小さじ1
バター（無塩）…小さじ1

■作り方
1）カボチャは一口大に切る。
2）鍋に水と蜂蜜を入れてよくまぜ、皮を下にしてカボチャを並べる。ふ
　　たをして弱〜中火で3分煮たら濃い口しょうゆを加え、ふたをして
　　さらに5分ほど煮る。
3）カボチャが軟らかくなったらバターを加え、煮汁をかけながら味を
　　含ませる。煮汁がなくなるまで煮詰める。

Ｉ サケの焼き漬け

■材料（4人分）
生サケ（切り身）…4枚、酒…大さじ2、塩…少々
片栗粉…適量
Ⓐ《みりん…大さじ2、酒…大さじ2、
薄口しょうゆ…大さじ1》
レモンスライス…適量、植物油…適量

■作り方
1）サケに酒と塩を振って10分ほど置き、表面の水分
　　を拭き取って片栗粉を薄くまぶす。
2）フライパンに薄く植物油を引いて①を中火で2分
　　焼き、裏返しふたをして弱火で2〜3分蒸し焼きに
　　する。火が通ったらバットに取り出す。
3）②のフライパンにⒶを入れてひと煮立ちさせたら
　　火を止めて、熱いうちに②のサケにかける。レモン
　　スライスをのせ、15分ほど漬け込む。

Ｊ 桜エビと
三つ葉の卵焼き

■材料（4人分）
卵…4個、乾燥桜エビ…大さじ2
三つ葉…1/4束
Ⓐ《だし汁…大さじ3、みりん…大さじ1、
薄口しょうゆ…小さじ1、塩…少々》
植物油…適量

■作り方
1）三つ葉は1cm幅に切る。
2）ボウルに卵を割りほぐし、①とⒶ、桜エ
　　ビを加えてまぜる。
3）卵焼き器に植物油少々を中火で熱し、②
　　の3分の1を流し入れて奥から手前へ折
　　り畳み、奥へ寄せる。②の残り半分を流し
　　入れて巻き、残りも同様に流し入れて巻
　　いたら、食べやすい大きさに切る。

A マーマレードのロールサンド

■材料

食パン（8枚切り）、マーマレードジャム、バターを好みの量で

■作り方

耳を切り落とした食パンをラップにのせ、奥1cmを残してバターとジャムを薄く塗り、手前から巻く。ラップでしっかり包んで食べやすい大きさに切る。

B ハムとパセリ入り 厚焼き卵のサンドイッチ

■材料（2人分）

食パン（8枚切り）…2枚、ロースハム…2枚、卵…2個
植物油…小さじ1、バター…適量
Ⓐ《パセリのみじん切り…大さじ1、マヨネーズ…小さじ1、きび砂糖…小さじ1、塩…2つまみ、水…大さじ1》

■作り方

1）ロースハムはみじん切りにする。
2）ボウルに卵を割り入れ、Ⓐと①を加え、卵の白身を切るようにまぜる。
3）卵焼き器に油を熱し、十分に温まったら弱火にして②を流し入れ、菜箸で外側から内側に向けてまぜる。
4）スクランブルエッグ状に固まってきたらへらでまとめ、食パンのサイズに整える。火を止めアルミホイルでふたをし、3分ほど置く。
5）④を皿に取り出して冷まし、バターを薄く塗った食パンで挟む。パンの耳を切り落とし4等分する。

D 黒糖いなり

■材料（16個分）

角揚げ…8枚
Ⓐ《だし汁…250mℓ、黒糖…大さじ3、みりん…大さじ1、濃い口しょうゆ…大さじ3》
三つ葉…1/2束
【酢飯】
ご飯…1.5合、酢…大さじ3、塩…小さじ1/2
【甘酢レンコン】
レンコン…100g
Ⓑ《砂糖、酢…各小さじ1、塩…ひとつまみ》

■作り方

1）角揚げは半分に切って袋状に開き、ざるに並べて熱湯をかけ油抜きをする。
2）鍋にⒶを入れて火にかけ、黒糖が溶けたら①を加える。沸騰したら落としぶたをし、弱〜中火で煮る。途中で角揚げを裏返し、汁気が少し残るまで煮含めたら火を止めて冷ます。
3）ボウルにⒷを入れてまぜ合わせる。薄切りにしたレンコンを1分ゆでて、ざるに上げ水気を切り、熱いうちにボウルに加えて調味料とあえて冷ます。
4）炊きたてのご飯に、合わせておいた酢と塩を回しかけ、手早く切るようにまぜながら飯台などに広げて冷ます。
5）三つ葉はさっとゆでて冷水にとり、ざるに上げて水気を切る。
6）②の汁気を軽く絞り、④を握って詰める。③の甘酢レンコンをのせ、三つ葉を巻く。

※黒糖で角揚げを甘く煮含めるので、酢飯に砂糖は加えない。角揚げに詰めてからしばらく置くと酢飯に味が染みておいしくなる

C ツナとキャベツの　ロールサンド

■材料（4本分）
食パン（8枚切り）…4枚、キャベツ…2枚
ツナ缶（オイル入り）…1缶、塩、こしょう…各少々
バター…適量

■作り方
1）キャベツは5mm幅の千切りにする。
2）フライパンにツナ缶をオイルごと入れて火にかける。パチパチと音がしてきたら弱〜中火にして汁気がなくなるまで炒め、塩、こしょうを振る。
3）②に①を加えてまぜるように炒め、全体に油が回ったら火を止め、皿に取って冷ます。
4）耳を切り落とした食パンに薄くバターを塗ってラップにのせ、③の4分の1を手前にのせて巻く。ラップでしっかり包み、食べやすい大きさに切る。

※キャベツは細く切り過ぎると水分が出やすくなるので注意

材料や巻き方をひと工夫。
食べやすくて見栄えもよく、
行楽や運動会弁当にもぴったり！

韓国風のり巻き

■材料（2本分）

【具】
カニかまぼこ…4本、ホウレンソウ…2株
ニンジン…1/3本、たくあん…50g
卵…2個、濃い口しょうゆ…小さじ1
薄口しょうゆ…小さじ1、ごま油…少々
焼きのり…2枚、青ジソ…4枚
ご飯…1.5合

【すし酢】
酢…大さじ2、砂糖…大さじ1と1/2
塩…小さじ1/3

■作り方

1) 炊きたてのご飯にすし酢を回しかけ、手早く切るようにまぜながら飯台などに広げて冷ます。

2) 耐熱容器にカニかまぼこをのせてふんわりラップをかけ、電子レンジ（600W）で20秒温めてラップを取り、冷ましておく。

3) ボウルに卵を溶いて塩少々（分量外）を加え、薄焼き卵を2枚作る。

4) ホウレンソウは塩少々（分量外）を入れたお湯でゆでて冷水にとり、水気をよく絞って根を切り落とし、ボウルに入れて濃い口しょうゆとごま油を振りかける。

5) たくあんとニンジンは細い千切りにする。中火に熱したフライパンにごま油を引き、たくあんをサッと炒め取り出す。次にニンジンを炒め、薄口しょうゆと塩少々（分量外）を加えて全体に炒め合わせたら火を止める。

6) 薄焼き卵の手前側にのり巻きの具材を半量のせ、隙間が空かないように巻く（もう1枚も同様に）。

7) 巻きすに焼きのりをのせ、奥2cmほどを残してすし飯を均等に広げ、真ん中に青ジソ2枚をのせて⑥を重ね、手前から巻く。巻きすでしっかり締めて形を整え、食べやすい大きさに切る。

だし唐揚げ

■材料(4人分)

鶏もも肉… 2枚(約550g)、だし汁…50㎖
Ⓐ《砂糖…小さじ1/2、塩…小さじ1、ショウガ搾り汁…小さじ2、ニンニクのすりおろし…少々、片栗粉…大さじ6、揚げ油…適量、レモン…適宜》
※だし汁の取り方は47ページに掲載

■作り方

1）鶏肉は一口大に切り、だし汁とⒶをもみ込んで約20分置く。
2）①に片栗粉をまぶし、鶏皮で肉を包むように形を整える。
3）油を160〜170度に熱し、②の皮目を下にして約4分揚げ、取り出して余熱で3分火を通す。180〜190度の油で再度、カラッとするまで揚げる。油をよく切って皿に盛り、くし形に切ったレモンを添える。

肉じゃが

だしの風味を生かした一品をプラス！

■材料(4人分)

牛切り落とし肉…200g、ジャガイモ…3個(約500g)、タマネギ…1個
ニンジン(中)…1本、結びこんにゃく…150g、だし汁…200㎖
Ⓐ《酒…大さじ2、砂糖…大さじ2、みりん…大さじ2》
Ⓑ《濃い口しょうゆ…大さじ2、薄口しょうゆ…大さじ1》
植物油…大さじ1、サヤインゲン…5本　※だし汁の取り方は47ページに掲載

■作り方

1）ジャガイモは皮をむき4〜6等分に切り、水に10分さらしてざるに上げ水気を切る。タマネギは皮をむき縦半分に切り、6〜8等分のくし形に、ニンジンは皮をむき乱切りにする。牛肉は食べやすい大きさに切る。結びこんにゃくはさっと下ゆでし、ざるに上げる。
2）鍋に油を熱し、中火でタマネギを炒める。油が回ったらジャガイモ、ニンジンを入れて軽く炒める。
3）②に結びこんにゃくを加え、牛肉を軽くほぐしてのせる。だし汁とⒶを加えて煮立て、あくを取ったら落としぶたをして中火弱で約10分煮る。火を止めてⒷを回し入れ、落としぶたをしてさらに約10分煮る。ジャガイモが軟らかくなったら火を止め、少し置いて味を含ませる。器に盛って煮汁をかけ、ゆでたサヤインゲンを散らす。

サトイモ団子の揚げ煮

■材料

サトイモ…250g、片栗粉…小さじ2、みりん…大さじ1、砂糖…大さじ1
濃い口しょうゆ…大さじ1、水…大さじ3、白ごま…適量、揚げ油…適量

■作り方

1）サトイモを皮つきのまま蒸気の上がった蒸し器で軟らかくなるまで蒸す。熱いうちに布巾などを使って皮をむきボウルに入れ、食感が残る程度につぶし片栗粉を加えてまぜる。

2）8等分に丸めた①に片栗粉（分量外）をまぶして中温の油で揚げる。

3）みりん、砂糖、濃い口しょうゆ、水を煮立て、②を加えてとろみが付くまで絡ませる。仕上げに白ごまを振る。

鹿児島の味も加えて
みんなが喜ぶお弁当に！

ガネ

■材料

きび砂糖…15g、水…100mℓ、薄力粉…70g
だんご粉…35g、薄口しょうゆ…小さじ2
サツマイモ…中1本、ニンジン…1/3本
ショウガ…1/2片、ニラ…5本、揚げ油…適量

■作り方

1）ボウルに薄力粉とだんご粉、きび砂糖、薄口しょうゆ、水を入れてまぜ合わせる。

2）①に千切りにしたサツマイモとニンジン、ショウガ、3㎝幅に切ったニラを加え、形を整えて170度の油で揚げる。

衛生面に注意

お弁当が傷むのを防ぐために
押さえておきたい4つのポイント

1 手の菌を付けない

　調理の前に手をしっかり洗いましょう。おにぎりは使い捨てのビニール手袋を着けるか、ラップで包んで握れば、菌の付着を防げます。すし飯は酢に細菌の増殖を抑える作用があるので、多少触れても構いません。おかずは加熱後、手で触れないようにしましょう。

2 中までしっかり火を通す

　おかずは中心部までしっかり加熱しましょう。肉類は小さく、薄く切ることで火が通りやすくなります。卵料理は半熟ではなく、完全に固まるまで加熱します。当日調理が基本ですが、作り置きのものを使う場合は食中毒菌が増えている可能性があるので、再加熱するようにしましょう。

3 水気を切る

　水分が多いと細菌が増えて食品が傷みやすくなるので、おかずは水気をよく切ってから詰めます。ソースやケチャップなど水分が多く含まれる調味料は別の容器に入れ、食べる直前にかけるようにしましょう。

4 詰めるのは冷めてから

　温かいご飯やおかずを詰めてふたをすると蒸気がこもって水分が発生し、傷む原因になります。しっかり冷ましてから詰めるようにしましょう。持ち運びにはクーラーバッグや保冷剤を活用し、できるだけ涼しい場所で保管を。

料理製作・監修

PROFILE
料理愛好家　松﨑直子

1964年、薩摩川内市生まれ。夫の転勤に伴い県内離島含む10市町村に転居を重ね、現在は故郷の薩摩川内市で夫との2人暮らし。暮らしの一部になっている料理・お菓子作りは「家族や友人との大切なコミュニケーションツール。調理は旬の食材と四季が頼りの独学です」と語る。温もりを感じる美しい料理の数々は、写真共有サイトInstagram（インスタグラム）で18700フォロワーから支持されている。
Instagramアカウント：@komugi3955

PROFILE
料理研究家　鎌下直子

1976年、鹿児島市生まれ。夫、息子、娘の4人家族。料理好きの祖母や料理講師だった母の影響もあり料理の道へ。出産後、日々の食の重要性を再認識し、食生活アドバイザー、国際薬膳食育師、アスリートフードマイスターなどを取得。レシピ開発や学校・企業での料理講師に携わる。「家ごはんを大切に」をモットーに食育、伝統料理、料理法、栄養などあらゆる切り口から食スタイルを提案している。
Instagramアカウント：@okanouenokurashi

PROFILE
フレンチレストランオーナーシェフ
寺地貴子

1979年、鹿児島市生まれ。大阪あべの辻調理師専門学校を卒業後、鹿児島サンロイヤルホテルに入社。若手登竜門と呼ばれるトックドール料理コンテストで九州初の女性優勝者となる。その後、東京やフランスの一流レストランで研修を積み帰国後、鹿児島市東千石町に完全予約制のフレンチレストランTable de Chic（ターブル・ド・シック）を開業。オーナーシェフを務める傍ら、1級フードコーディネーターとしても幅広い分野で活動中。
2024年にBELLE FRANCE（ベル・フランス）と改名し、鹿児島市紫原に移転OPEN。
Instagramアカウント：@tabledechic2014（レストラン）
　　　　　　　　　　@tabledechic_cooking

からだと心が喜ぶ　ごちそう家ごはん

2024（令和6）年4月17日　初刷発行
発　　　行　南日本新聞社　　〒890-8603　鹿児島市与次郎1-9-33
製作・発売　南日本新聞開発センター　〒892-0816　鹿児島市山下町9-23
　　　　　　　　　　　　　　TEL.099（225）6854　FAX.099（225）2610

定価1,430円（本体1,300円＋税10%）